골든 스피치 마스터

실전편

골든 스피치 마스터
실전편

초판 1쇄 인쇄 2026년 1월 30일
초판 1쇄 발행 2026년 2월 20일

지은이 김양호·조동춘
펴낸이 이범상
펴낸곳 (주)비전비엔피·비전코리아

책임편집 차재호
기획편집 김승희 김혜경 한윤지 박성아
디자인 김혜림 이민선 인주영
마케팅 이성호 이병준 문세희 이유빈
전자책 김희정 안상희 김낙기
관리 이다정
인쇄 위프린팅

주소 우)04034 서울시 마포구 잔다리로7길 12 (서교동)
전화 02)338-2411 | **팩스** 02)338-2413
홈페이지 www.visionbp.co.kr
인스타그램 www.instagram.com/visionbnp
이메일 visioncorea@naver.com
원고투고 editor@visionbp.co.kr

등록번호 제313-2005-224호
ISBN 978-89-6322-238-7 04320

GOLDEN SPEECH MASTER

골든 스피치 마스터

실전편

김양호 · 조동춘 지음

비전코리아

말의 영웅이 탄생하는 어둠과 빛의 문턱에서

태초의 창조가 하늘의 말씀으로 열렸다면, 인간의 역사와 문명은 인간의 말(言)로 시작되었다. 침묵으로 잠긴 세계를 처음 흔들어 깨운 것은 번개도, 전쟁도, 왕의 명령도 아니었다. 한 인간이 세상에 건넨 첫마디였다. 그 순간, 인간 세계는 스스로를 이야기하기 시작했고, 말은 우리의 운명을 이끄는 서사의 첫 페이지가 되었다.

그 뒤로 수천 년, 인류의 역사는 끊임없이 '말의 힘'에 의해 전진했다. 왕국은 말 한 줄로 일어섰고, 제국은 말 한 줄의 오류로 무너졌다. 영웅들은 침묵을 뚫고 등장했고, 폭군은 말로 군중을 속였으며, 시대는 언제나 누군가의 목소리로 방향이 바뀌었다.

그러나 '말의 여정'은 광명의 기록만이 아니었다. 그 길에는 고난과 책임이 따랐으며, 선택된 언어들은 언제나 '역사의 검증' 앞에 홀로 서야 했다. 진실을 말하기로 한 순간 그들은 운명을 걸었고, 정의를 외치기로 한 순간 그 무게를 어깨에 짊어졌다. 이제 그 위대한 여정의 기술을 당신의 손끝에 쥐어주려 한다. 말이란 곧 힘이자, 대가를 요구하는 가장 오래된 의식이었다.

지금, 당신도 그 문턱에 서 있다. 이 책을 여는 이 순간, 당신은 이미 '말의 전사(戰士)'이자, 자기 시대의 첫 증언자가 되기 위한 여정에 발을 들였다.

이 실전편은 단순한 기술서가 아니다. 이것은 '당신의 말이 탄생하기 위한 '거대한 대장간'이자, '당신의 목소리가 역사의 무대에 세워지기 위한 치열한 훈련소'다. 이곳에서 당신은 문장을 벼리고, 10분의 논리를 구축하며, 언어의 칼날에 윤기를 더하는 법을 익히게 될 것이다.

그러나 잊지 말라. 말의 기술은 노력으로 얻지만, 말의 용기는 선택으로 완성된다. 영웅은 강해서 태어나는 것이 아니라, 두려움을 견디기로 결심하는 순간 비로소 탄생한다.

무대는 고요하다. 조명은 서서히 숨을 고르고 있다. 청중의 자리는 아직 비어 있으나, 공기는 이미 당신의 한 문장을 기다리고 있다.

이제 한 시대가 묻는다.

"너의 말은 어떤 미래를 부를 것인가?"

이것이 바로 당신의 서막이다. 말을 선택한 자만이 들어설 수 있는 웅대한 여정의 첫 페이지. 당신의 목소리는 이제 침묵을 넘어, 역사의 심장을 향해 걸어갈 것이다.

Part 1 말의 무대에 오르기 전
– 행사 스피치의 준비와 설계

1장 행사 스피치의 본질과 구조

2장 사람과 관계를 잇는 스피치

3장 스피치 작문 기술과 실전 훈련

Part
2

말의 무대 위에서
– 전달·퍼포먼스·현장 반응

1장 진리를 말한 사람들

2장 국가를 설계한 목소리

3장 정의를 부른 외침

4장 꿈과 통합의 언어

말의 무대에 오르기 전

- 행사 스피치의 준비와 설계

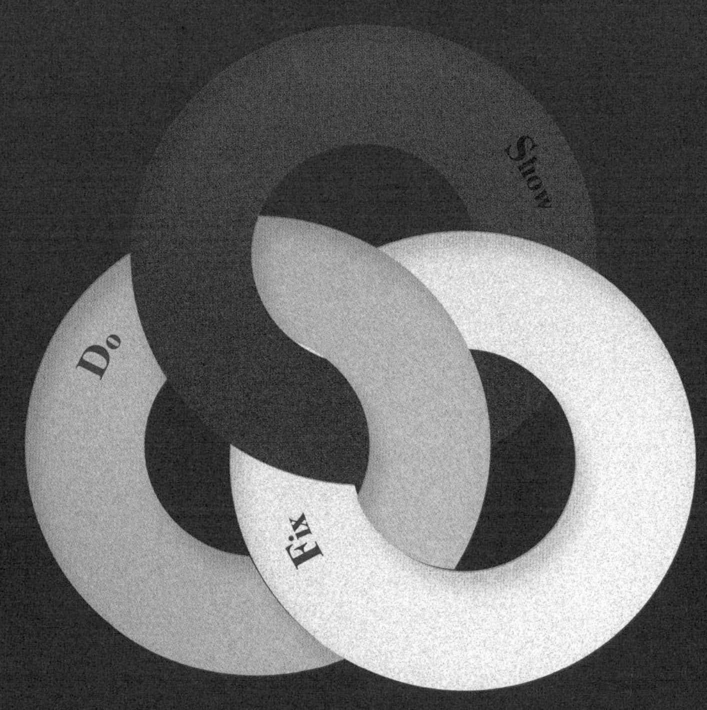

무대에 오르기 전에, 말은 이미 완성된다

모든 위대한 연설은 무대에서 시작되지 않았다. 그보다 훨씬 이전, 청중도, 조명도, 마이크도 없는 조용한 자리에서 시작되었다. 그곳에서 한 사람은 자기 생각을 정리하고, 말의 방향을 잡고, 누구에게 무엇을 어떻게 말할지 스스로에게 묻는다.

위대한 스피치는 '준비의 깊이'에서 이미 절반이 완성된다. 말의 무대에 오르기 전, 우리는 먼저 언어를 다루는 기술, 설득을 구성하는 원리, 10분 스피치를 설계하는 구조를 익혀야 한다. 이는 타고난 재능이 아니라, 연습하고 체득할 수 있는 기술이며 공법(工法)이다.

연설가는 무대 위에서 즉흥적으로 빛나는 존재가 아니다. 무대 밖에서부터 말의 흐름을 그리는 설계자이며, 청중의 마음을 읽는 전략가이고, 자신의 메시지를 가장 정확한 문장으로 조각하는 장인이다.

그래서 1부는 '준비의 기술'을 다룬다. 말의 뼈대를 세우는 법, 도입-전개-절정-결말을 구성하는 법, 청중 분석을 통해 메시지의 각도를 조절하는 법, 그리고 단 10분 안에 강렬한 인상을 남기는 스피치 구조를 완성하는 법을 제시한다.

말을 잘한다는 것은 마음속의 말을 그대로 내뱉는 것이 아니다. 말은 '구성'이고, '설계'이고, '조율'이다. 좋은 연설문은 우연히 만들어지지 않는다. 그것은 치열한 질문과 선택을 통해 빚어낸 의지적 작품이다.

이제 세계 43인의 명연설을 보기 전에, 먼저 '자신의 말'을 만드는 힘을 갖추게 될 것이다. 연설의 기술을 익히는 일은 단순한 준비가 아니라, 무대에 오르기 위한 첫 번째 의식(儀式)이며, '말로 세계에 개입할 수 있는 인간'으로 성장하는 과정이다.

무대는 아직 열리지 않았다. 그러나 준비된 사람만이 그 문을 넘을 수 있다.

이제 말의 도구를 손에 들고, 당신만의 10분을 설계하라.

말의 무대로 향하는 첫걸음이 지금 시작된다.

1장

행사 스피치의 본질과 구조

행사 스피치의 현재와 미래

스피치의 품격이 경쟁력이 되는 시대

행사 스피치는 한때 의례적 형식에 머무는 말이라고 여겨졌다. 준비된 문장을 읽고, 정해진 표현을 반복하며, 무난하게 마무리하면 된다고 생각했다. 그러나 지금은 다르다. 변화의 속도와 사회의 기대 수준이 높아지면서, 행사 스피치는 단지 분위기를 여는 인사치레가 아니라 조직의 품격을 드러내는 공식 언어, 공동체의 정체성을 형성하는 중요한 절차가 되었다. 말의 수준이 곧 조직의 수준을 말해 주는 시대, 우리는 이제 스피치를 새로운 각도에서 바라보아야 한다.

행사 스피치의 변화

과거에는 행사 스피치를 일정한 예식 절차의 하나로 여겼다. 말의 내용보다 '누가 읽는가?', '얼마나 짧은가?', '행사를 방해하지 않는가'를 더 중요하게 생각했다. 그러나 지금은 말의 메시지, 말의 진정성, 말의 방향성이 행사의 성격을 결정한다. 회의, 기념식, 학술 포럼, 개막식, 졸업식 등 어떤 자리든, 첫말과 마지막 말이 사람들의 인식과 분위기를 좌우한다. 특히 공식적인 자리일수록 '그 조직은 어떤 언어로 자신을 표현하는가?'를 세심하게 관찰한다.

말은 조직의 얼굴이 되고, 대표의 목소리가 되고, 공동체의 철학이 된다. 그렇기 때문에 행사 스피치는 형식을 넘어 조직의 메시지를 압축해서 전달하는 지적 행위이자 조직문화의 실행이 된다.

오늘날 청중은 단순한 인사말이나 명예로운 격식을 넘어, 스피치를 통해 '생각할 거리', '공동체의 자부심', '미래에 대한 방향', '함께할 이유'를 찾는다. 그 배경에는 3가지 변화가 있다.

① 정보 과잉 시대

사람들은 너무 많은 정보에 둘러싸여 있다. 따라서 연설자는 '사실을 나열'하는 것이 아니라, '사실을 연결해 의미를 만들어야' 한다.

② 공감의 시대

청중은 하나의 공동체로서 연결되기를 원한다. 따라서 행사 스피치는 감정적 교감, 신뢰, 혹은 연대의 분위기를 만들어야 한다.

③ 속도보다 품격을 요구하는 시대

이제는 말이 짧을수록 좋다고 여기던 시대가 아니다. 짧더라도 깊이 있고 정확한 표현, 조직의 품격을 반영하는 언어, 듣는 사람의 머릿속에 오래 남는 문장이 요구된다.

3가지 변화는 행사 스피치에 새로운 과제를 부여한다. 형식적 말하기에서 벗어나 메시지 · 톤 · 구조 · 어휘의 완성도를 높여야 한다는 것이다.

왜 행사 스피치는 '전략'이어야 하는가

조직의 수장이 어떤 말로 문을 여는가에 따라, 그 조직의 인상은 단 몇 초 만에 결정된다. 행사의 첫 문장과 마지막 문장은 사람들의 인식, 분위기, 의미 해석을 결정하며, 특히 다음과 같은 기능을 한다.

① 조직의 정체성 선언

행사 스피치는 '우리는 어떤 가치를 추구하는 조직인가'를 은연중에 드러내는 문장이다. 따라서 어휘 선택, 문장의 구조, 말하는 태도는 청중이 조직의 품격을 판단할 수 있는 중요한 단서가 된다.

② 신뢰 창출

행사 스피치가 진중하고 설득력 있을 때, 청중은 '이 조직은 말의 무게를 아는 곳'이라고 판단한다. 신뢰는 말의 질에서 비롯된다.

③ 분위기 형성

첫 문장은 분위기를 열고, 마지막 문장은 분위기를 닫는다. 행사 스피치는 단지 말하는 기술이 아니라 장소의 분위기를 디자인하는 기술이다.

④ 메시지의 확산

오늘날 행사 스피치는 기록되고, 온라인으로 공유되고, 때로는 언론 기사로 인용된다. 따라서 대표의 말은 공적 기록이자 조직의 아카이브가 된다. 전략 없이 말한다는 것은 조직의 미래 기록을 방치하는 일이다.

AI 시대에 더 중요한 '사람의 말'

AI 기술은 문장을 만들어준다. 그러나 사람의 말이 전달하는 진정성, 감정의 떨림, 책임의 무게는 기계가 대신할 수 없다. 오히려 기술이 발달할수록 말의 온도와 톤, 연설자의 인품이 묻어나는 '사람의 문장'을 요구하게 된다. 앞으로 행사 스피치는 다음과 같은 방향으로 진화할 것이다.

① 짧지만 깊은 언어

길다고 좋은 것이 아니다. 짧아도 기억되고, 간결하지만 의미가 겹겹이 들어 있는 언어가 요구된다.

② 서사적 구성

사람들은 논설문보다 이야기에서 감동을 받는다. 좋은 행사 스피치는 짧은 문장 하나에도 '공동의 이야기'를 담는 서사적 힘을 가진다.

③ 이미지 언어

'말로 그림을 그리는 능력'이 더욱 중요해진다. 청중은 이미지 중심으로 사고하기 때문에 연설자는 말로 이미지를 제시해야 한다.

④ 관계적 스피치

행사 스피치는 연설자가 중심이 아니라, '청중과 공동체 중심'으로 변화하고 있다. '나'보다 '우리'의 언어가 중심이 되는 시대다.

행사 스피치는 행사의 의미를 규정하고, 방향을 만들고, 공동체를 묶는 핵심이다. 행사 스피치는 말의 품격을 증명하는 문장이어야 한다. 앞으로 행사 스피치의 구조, 언어, 디자인, 관계 원리를 하나씩 살펴보고, 실전 템플릿과 워크시트, 자기 점검 체크리스트까지 완전한 스피치 실전 체계를 구축할 것이다.

말은 행사의 시작이 아니라 행사의 본질이다. 이제 그 본질을 다루는 훈련이 시작된다.

행사 스피치의 3대 원리
상황, 청중, 목적을 읽는 힘이 말의 방향을 결정한다

행사 스피치는 단순한 인사말이 아니다. 그것은 특정한 자리, 특정한 사람들, 특정한 의도를 가진 상황에서 '고도의 맥락을 이루는 행위'다. 말의 성공 여부는 화려한 표현이나 수사법보다 '그 자리를 얼마나 정확히 읽어냈는가?'에 달려 있다. 말은 공중에 떠 있는 문장이 아니라, 언제나 맥락 속에서 살아 움직인다.

이 장에서는 행사 스피치를 구성하는 3가지 축, '상황, 청중, 목적'을 하나씩 확장하여, 말의 정확성과 설득력을 높이는 실질적 원리를 알아본다.

상황을 읽는 힘 - 말은 맥락 속에서 의미가 된다

모든 스피치에는 '장소'와 '때', 그리고 '분위기'가 있다. 같은 말이라도 어떤 상황에서 말하느냐에 따라 그 무게가 달라진다. 따라서 연설자는 먼저 '말하는 환경을 해석하는 능력'을 갖추어야 한다.

① **행사 성격 파악**

행사의 목적이 기념인지, 보고인지, 축하인지, 추모인지에 따라 스피치의 정서는 완전히 달라진다.

- 기념식 : 역사성, 가치, 연대 강조
- 보고회 : 사실, 근거, 명확성 강조
- 축하 행사 : 희망, 축복, 격려 중심
- 추모 행사 : 절제, 위로, 기억 중심

행사의 성격을 잘못 읽으면 전체 분위기가 흔들릴 수 있다. 예컨대 추모식에서 지나치게 격앙된 언어는 공감을 떨어뜨리고, 학술 행사에서 지나친 감상적 표현은 전문성을 떨어뜨린다.

② **시간의 흐름 읽기**

스피치의 시점이 서두인지, 중간인지, 마무리 부분인지에 따라 역할이 다르다.

- 개회사는 길지 않고 명확해야 한다.
- 폐회사는 감정을 정리하고 의미를 남겨야 한다.
- 행사 중간의 말은 흐름을 끊지 않는 것이 가장 중요하다.

스피치의 시간적 맥락을 이해하지 못하면 '가벼워야 할 말이 무거워지고', '중요한 말이 사라지는' 오류가 발생한다.

③ 분위기 분석

말은 분위기와 충돌되어서는 안 된다. 행사의 분위기는 다음 요소에서 감지할 수 있다.

- 참석자의 표정과 기대
- 공간의 규모와 성격
- 사전에 진행된 프로그램의 흐름
- 사회자와 이전 연설자의 톤

연설자는 눈앞의 상황을 읽고, 분위기를 조화롭게 이어받아야 한다. 말은 분위기를 바꾸는 힘을 가지지만, 분위기를 무시하는 말은 저항을 초래한다.

청중을 읽는 힘 - 말은 항상 듣는 사람을 향한다

아무리 좋은 스피치도 청중을 놓치는 순간 힘을 잃는다. 행사 스피치의 두 번째 원리는 청중 분석이다.

① **청중의 구성 파악**

연령, 직업, 관심사, 조직 내 위치 등 다양한 청중에 따라 스피치 방식이 결정된다.

- 전문가 중심 : 깊이와 근거 중시
- 일반 대중 : 쉬운 언어, 비유, 따뜻한 톤
- 학생 대상 : 이야기, 응원, 미래 지향

- 공직자 대상 : 책임, 공공성, 정책적 균형

청중이 누구인지 모른 채 하는 말은, 마치 방향을 잃은 화살과 같다.

② 청중의 감정 파악

행사장에 들어오는 순간 청중이 어떤 감정을 가지고 있는지를 읽어야 한다.

- 축제 분위기인가?
- 긴장된 상황인가?
- 문제 해결을 기대하는가?
- 혹은 단순한 의례인가?

청중의 감정과 맞지 않는 톤은 전체 흐름을 깨뜨린다. 예컨대 청중이 피곤해하는 오후 시간에는 서론을 줄이고 핵심을 먼저 말하는 것이 좋다.

③ 청중의 요구 파악

청중은 다음 중 하나를 기대한다.

- 정보
- 감동
- 희망
- 책임 있는 방향성

- 유머와 여유

- 대표자의 철학

이 중 무엇을 가장 원하는지 판단하는 것이 연설자의 첫 번째 임무다.

목적을 읽는 힘 - 말은 목적이 있을 때 설득력이 생긴다

스피치가 힘을 발휘하려면, 말하는 사람의 문장에 목적이 분명하게 드러나야 한다. 목적이 모호한 말은 흩어지는 반면 목적이 또렷한 말은 청중의 마음에 명확하게 가닿는다.

① 스피치의 4가지 목적

행사 스피치의 목적은 대부분 다음 4가지 중 하나에 속한다.

- 정보 제공 : 사실을 알리고 방향을 공유하기

- 감정 환기 : 분위기 조성, 공감 형성

- 관계 강화 : 환영, 감사, 연대의 메시지

- 행동 촉구 : 다짐, 결의, 참여 요청

연설자는 사전에 이 4가지 중 무엇이 중심인지 정해야 한다.

② 목적이 말의 구조를 결정한다

- 관계 강화가 목적이면 서두에 환영과 감사의 말에 비중을 둔다.

- 행동 촉구가 목적이면 결론부에 강한 문장을 배치한다.

- 정보 제공이 목적이면 본론을 명확한 논리 구조로 설계한다.

목적과 구조가 맞물려야 스피치가 힘을 얻는다.

③ 목적이 어휘를 결정한다

감정 환기가 목적일 때 쓰는 말과 정보가 목적일 때 쓰는 말은 다르다.

- 감정 중심 : 함께, 기억, 지켜보겠습니다, 감사

- 정보 중심 : 보고드립니다, 현황은, 수치가 보여주듯

- 행동 촉구 : 이제 시작합시다, 우리의 선택이 미래를 결정합니다

목적에 맞지 않는 어휘는 메시지를 분산시키고, 스피치의 품격을 흐린다.

3가지 원리를 연결하는 말하기 설계법

행사 스피치가 성공하려면 '상황 → 청중 → 목적', 이 3가지 축이 하나의 흐름으로 통합되어야 한다.

① 상황이 말의 톤을 정한다

행사의 분위기, 성격, 시간에 따라 말의 온도를 결정한다.

② 청중이 말의 형식을 정한다

누구에게 말하는지에 따라 어휘, 속도, 길이를 조절한다.

③ 목적이 말의 방향을 정한다

무엇을 위해 말하는지에 따라 구조와 결론을 결정한다.

3가지가 일치할 때 말에 따라 명확해지고 설득력 있게 흐른다.

행사 스피치를 잘하고자 하는 사람은 먼저 '무엇을 말할까?'가 아니라 '무엇을 읽을까?'를 고민해야 한다. 상황을 읽고, 청중을 읽고, 목적을 읽는 사람이 가장 정확한 문장을 선택하고, 가장 자연스러운 말의 흐름을 만든다. 행사 스피치는 결국 '읽기의 예술'이며, 그 바탕 위에서 연설자의 말은 품격이 살아난다.

행사 스피치의 구조

'시작-전개-마무리'의 설계도가 말의 품격을 결정한다

좋은 스피치는 우연히 만들어지지 않는다. 특히 행사 스피치는 제한된 시간 내에 많은 사람들 앞에서 명확한 메시지를 정확한 형태로 전달해야 한다는 점에서 더욱 그렇다. 결국 행사를 빛내는 말은 '순간의 영감'이 아니라 '설계된 구조'에서 나온다. 이 장에서는 모든 행사 스피치의 공통 기반이 되는 3가지 축, '시작, 전개, 마무리'의 구조를 체계적으로 정리하고, 왜 이 구조가 스피치의 품질을 좌우하는지 설명한다.

시작

스피치의 시작은 청중의 마음을 여는 문, 즉 '열쇠'에 해당한다. 이 문이 자연스럽게 열릴 때 청중은 연설자의 말에 귀를 기울인다. 문을 열지 못하면 연설자가 아무리 좋은 내용을 말해도 청중에게 가닿지 않는다.

스피치의 시작은 2가지 역할을 동시에 수행한다.

- 자리 선언 : '지금 우리는 어떤 순간에 있다'

• 관계 선언 : '나는 누구이며, 여러분과 어떤 관계로 말한다'

이 두 요소가 분명할수록 청중은 연설의 방향을 쉽게 이해한다.

예) "오늘 창립 30주년을 맞은 이 뜻깊은 자리에서, 초대 대표로서 여러분과 함
    께 서게 되어 감회가 깊습니다."
→ 자리의 의미 + 연설자의 위치가 한 문장에 정돈된다.

좋은 시작은 '짧고, 정확하고, 따뜻하다.'

• 짧게 : 길어지면 서론이 아니라 본론이 된다.

• 정확하게 : 행사의 성격과 의미를 한 문장으로 포함한다.

• 따뜻하게 : 인간적 온기가 들어갈 때 청중의 마음이 열린다.

다음 요소들은 청중의 집중력을 떨어뜨린다.

• 지나친 감사 나열

• 의미 없는 형식 문구

• 과도하게 무거운 역사 설명

• 긴 자기소개

시작은 '문을 여는 단계'이지, '모든 것을 말하는 단계'가 아니다.

전개

스피치의 심장부인 전개에서는 청중이 기억해야 할 내용, 행사에서
반드시 전달해야 할 메시지가 명확하게 정리되어야 한다.

행사 스피치는 길지 않기 때문에 전개는 3가지 핵심 메시지로 구성하는 것이 적당하다.

- 행사 의미 또는 가치
- 오늘의 주제 또는 성과
- 미래 방향 또는 다짐

이 3가지는 서로 연결되며, 청중이 바로 이해할 수 있을 만큼 간결해야 한다.

좋은 전개는 단순 정보 나열이 아니라 '서사, 논리, 이미지'가 균형을 이룬다.

- 이야기(Story) : 감정과 공감을 불러일으킨다.
- 사실(Facts) : 신뢰를 높이고, 설득의 기초가 된다.
- 비유(Metaphor) : 개념을 직관적으로 전달한다.

3가지 요소가 적절히 어우러질 때 말은 살아 있는 듯 자연스럽게 흘러간다.

불필요한 확장을 피해야 한다. 전개에서 가장 흔한 실수는 '말이 많아지는 것'이다.

- 정보가 많아지면 핵심이 흐려진다.
- 설명이 늘어나면 리듬이 무너진다.
- 감정이 과해지면 설득력이 떨어진다.

전개는 핵심만 남기고 나머지는 과감히 덜어내는 영역이다.

마무리

스피치의 마무리는 단순한 결론이 아니다. 그것은 행사의 기억을 매듭짓는 문장이며, 청중에게 남기는 마지막 인상이다.

좋은 마무리는 다음 두 요소를 충족한다.

- 의미 정리 : 오늘 나눈 말의 핵심을 짧게 요약
- 마음 정리 : 이 자리에 함께한 감정과 의지를 정리

예) "오늘 우리는 지난 30년의 역사를 돌아보며, 새로운 미래를 향한 첫걸음을 내디뎠습니다. 여러분과 함께 그 여정을 걷게 되어 영광입니다."

기억에 남는 마무리는 한 문장으로 끝나야 하고, 추상적이지 않으며, 너무 많은 의미를 담지 않고, 청중의 감정과 톤을 충분히 고려해서 짧지만 울림이 있어야 한다.

마무리는 행사 성격에 따라 다른 유형을 사용한다.

- 행동 촉구형 : "이제 함께 새로운 도전을 시작합시다."
- 감사형 : "함께해 주신 모든 분께 깊이 감사드립니다."
- 축복형 : "여러분의 앞날에 건강과 평안이 가득하길 바랍니다."

이 3가지 유형만 정확히 구사해도 대부분의 행사 스피치를 완성할 수 있다.

행사 스피치는 짧지만, 구조는 정교해야 한다. 스피치의 구조는 다음과 같은 기능을 수행한다.

- 시작 : 마음을 열고 방향을 제시
- 전개 : 메시지를 전달하고 신뢰 형성
- 마무리 : 의미를 매듭짓고 기억을 남김

이 3가지 단계가 조화롭게 이어질 때, 스피치는 비로소 행사 전체의 품격을 높인다.

행사 스피치는 길지 않기 때문에 '구조의 힘'이 더 크게 작용한다. 잘 설계된 스피치는 말하는 사람에게는 '자신감'을 주고, 듣는 사람에게는 '명료함'을 주며, 행사 전체에는 '품격'을 부여한다. 스피치를 잘한다는 것은 결국 말을 아름답게 구조화할 줄 안다는 뜻이다.

행사 스피치의 언어

어조, 리듬, 어휘의 미학이 말의 수준을 결정한다

행사 스피치는 분위기를 만들고 감정을 조율하며 순간의 품격을 빚어내는 일이다. 따라서 행사 스피치의 언어는 일상 대화나 보고서의 문장과 다르다. 그 자리에 모인 사람들의 마음을 묶고, 공동의 의미를 일으켜 세우는 '의례적 언어'의 성격을 지닌다.

이 장에서는 행사 스피치 언어의 핵심 요소인 톤(Tone), 리듬(Rhythm), 어휘(Diction)의 구조적 원리를 정리한다. 이 3가지만 바뀌어도 스피치의 품격이 전혀 다른 수준으로 올라갈 수 있다.

톤 - 말의 분위기와 인격을 결정하는 힘

톤은 말의 높낮이를 뜻하는 것이 아니라, 태도, 무게, 거리감, 감정의 온도를 종합적으로 드러내는 '언어의 표정'이다. 행사 스피치에서 올바른 톤은 신뢰감을 높이고, 청중과 안정적인 관계를 만든다.

스피치를 준비할 때 '이 말의 목적은 무엇인가?'와 '이 말은 누구에게 전해지는가?'를 스스로에게 물어야 한다. 격려의 자리에서는 따뜻함과 지지의 톤이 필요하고, 창립기념식에서는 정중함과 기품이, 추도식에서는 절제된 애도와 침묵의 톤이 요구된다. 톤을 잘못 선택하면 말의 의미가 전체적으로 흐려지고, 행사의 취지를 해칠 수 있다.

행사 스피치에서 가장 자주 활용되는 톤은 다음 4가지다.
- 정중한 톤 : 공식 행사, 기념식, 기관 연설
- 따뜻한 톤 : 환영, 격려, 축하
- 침착하고 중후한 톤 : 추모, 사과, 결의문
- 긍정적이고 전진적인 톤 : 비전 제시, 선언, 취임

이 4가지를 상황에 맞게 조합하면, 스피치의 분위기가 자연스럽게 살아난다.

톤이란 목소리의 크고 작음이 아니라 연설자와 청중 간의 온도를 조절하는 기술이다. 공식적인 자리에는 약간의 거리감이 필요하고, 격려하는 자리에서는 그 거리감을 좁혀야 한다. 이 거리 조절만 잘해도 말은 훨씬 더 자연스럽고 우아하게 들린다.

리듬 - 말의 흐름을 디자인하는 기술

행사 스피치의 언어는 리듬을 통해 살아난다. 문장의 길이, 끊어 읽는 호흡, 단락의 전환 속도, 강조의 반복 등은 모두 리듬을 구성하는 요소다.

좋은 스피치에는 보이지 않는 리듬이 있다. 짧은 문장은 긴 문장

을 받쳐주고, 긴 문장은 짧은 문장에 무게를 실어주며, 쉬어가는 문장은 전체 메시지를 정리해 준다. 이 흐름 속에서 말은 단단해지고, 청중의 귀는 지치지 않는다.

행사 스피치에서 가장 효과적인 리듬 구성 방식은 다음 3가지다.

- 반복 : 핵심 메시지의 각인을 돕는다.

예) "우리는 기억합니다. 우리는 배웁니다. 우리는 전진합니다."

- 대조 : 의미 차이를 강조한다.

예) "어제의 성과는 우리의 오늘을 만들었고, 오늘의 선택은 우리의 내일을 만듭니다."

- 점층 : 메시지를 상승시키며 감정적 여운을 형성한다.

예) "우리는 도전했고, 성장했고, 마침내 새로운 시대를 향해 나아갑니다."

3가지 기법은 각각 독립적으로 사용해도 좋고, 함께 쓰면 더욱 강력해진다.

사실상 스피치 리듬의 절정은 말하지 않는 순간, 즉 '침묵'이다. 침묵은 청중에게 생각할 여백을 제공하고, 어떤 문장보다 강렬한 의미를 전달한다. 행사 스피치의 리듬을 구성한다는 것은 말을 쌓는 것뿐 아니라 '여백을 설계하는 일'이다.

어휘 - 품격을 드러내는 언어의 선택

행사 스피치는 어휘 선택에서 품격이 판별된다. 어휘가 조금만 정제

되어도 전체적으로 단정해지고, 청중은 연설자의 수준을 직관적으
로 느낀다.

행사 스피치는 과장된 표현보다 단순하고 명확하며 품위 있는 단
어가 더 설득력 있다.
- '큰 발전' → '의미 있는 진전'
- '많이 도와주셨다' → '지지와 성원을 보내주셨다'
- '큰일을 해냈다' → '중요한 성취를 이루었다'
단어를 바꾸는 순간, 메시지의 무게가 달라진다.

행사 스피치는 사람들을 모으고 격려하는 말이므로, 가능한 '긍
정적이고 전진적인 표현'을 사용해야 한다.
- '문제가 많았다'→'배울 점이 있었다'
- '갈등이 있었다'→'새로운 협력을 모색했다'
- '어려움에 처해 있다'→'변화의 시점에 서 있다'
부정적인 상황도 긍정적인 관점으로 재구성하면 말은 품격과 힘
을 동시에 얻는다.

행사에는 그 자리만의 언어가 있다. 예를 들어 '뜻깊은 자리', '감
회가 깊다', '의미를 되새기다', '함께 길을 열다'와 같은 표현은 일상
에서는 조금 무거워 보일 수 있으나, 행사에서는 오히려 적절한 상

징성과 격조를 만들어낸다.

행사 스피치의 언어는 톤, 리듬, 어휘가 서로 맞물릴 때 비로소 완성된다. 톤은 스피치의 '성격과 태도'를 결정하고, 리듬은 '전달력과 집중력'을 높이며, 어휘는 '품격과 깊이'를 더한다. 이 3가지 요소가 조화를 이룰 때 스피치는 하나의 작은 예술처럼 느껴진다.

행사 스피치는 '내용' 이전에 '언어'가 빛나야 한다. 그 언어는 단순한 말이 아니라, 누군가의 시간을 빌려 마음에 흔적을 남기는 작업이다. 따라서 연설자는 다음 3가지를 기억해야 한다.

- 톤을 선택하라 : 자리에 맞는 태도를 정하라.
- 리듬을 설계하라 : 말의 흐름과 호흡을 조율하라.
- 어휘를 정제하라 : 단어 하나가 말의 수준을 결정한다.

언어를 다듬는 순간, 스피치는 전혀 다른 수준으로 올라간다. 행사 스피치의 품격은 결국 '언어의 품격'에서 비롯된다.

행사 스피치의 문장력

짧게 정확하게 깊게, 순간을 붙잡는 문장의 기술

대부분의 행사는 본래의 중심 프로그램이 따로 있고, 청중은 이미 여러 일정에 참석하고 있다. 따라서 행사 스피치의 문장은 짧고, 정확하고, 깊이를 갖추어야 한다. 이 3가지 기준이 충족될 때 스피치는 비로소 청중의 마음속에 자리 잡는다.

많은 연설자가 '좋은 말을 해야 한다'는 부담 때문에 문장을 길게 늘어놓곤 한다. 그러나 문장이 길어진다고 해서 의미가 깊어지는 것이 아니다. 오히려 짧을수록 메시지는 선명해지고, 정확할수록 신뢰가 강화되며, 깊을수록 여운이 남는다.

이 장에서는 행사 스피치 문장력의 핵심 원칙을 3가지 축으로 정리한다.

짧게 말하라 - 문장의 밀도를 높이는 기술

스피치를 망치는 가장 흔한 원인은 불필요한 장황함이다. 행사 스피치에서는 한 문장을 말할 때마다 청중의 시간도 함께 사용한다. 따라서 문장은 가능한 간결해야 한다.

짧은 문장은 빠르게 이해되고, 쉽게 기억된다.

- "여러분을 환영합니다."
- "오늘의 성취는 여러분의 노력 덕분입니다."
- "이 순간을 함께하게 되어 영광입니다."

이처럼 간결한 문장은 복잡한 배경 설명 없이도 강한 인상을 남긴다.

한 문장에는 하나의 메시지만 담아야 한다. 2가지 뜻을 한 문장에 억지로 담으면 의미가 흐려진다.

"올해는 기업이 성장한 해이며, 여러분 모두 수고 많았고, 앞으로 더 잘해야 합니다." 이 문장은 3가지 메시지가 혼재되어 전달력이 떨어진다.

이를 나누어 말하면 훨씬 선명해진다.

- "올해 우리는 의미 있는 성장을 이루었습니다."
- "이 성장은 여러분의 노력이 만든 결과입니다."
- "이제, 더 큰 도약을 준비해야 합니다."

분리해서 단순화하면 설득력이 높아진다.

짧은 문장끼리만 나열하면 어색해지므로, 문장 간의 연결에 '리듬'이 필요하다.

예) "우리는 도전했습니다. 우리는 성장했습니다. 그리고 이제, 새로운 미래를 향합니다."

짧지만 리듬을 갖춘 문장은 청중의 귀에 자연스럽게 들어온다.

정확하게 말하라 - 의미의 좌표를 명확히 하기

정확성은 행사 스피치 문장력의 두 번째 조건이다. 애매한 표현은 청중을 혼란스럽게 하고, 과장된 표현은 신뢰를 해친다.

예를 들어 '많다'라는 표현은 구체성이 부족하다.

- "많은 분이 도움을 주셨습니다." (×)

→ "여러 부서에서 아낌없는 협력을 보내주셨습니다." (O)

- "이 프로젝트는 오래 걸렸습니다." (×)

→ "이 프로젝트는 2년 동안 꾸준히 진행되었습니다." (O)

추상적 표현을 구체적 표현으로 바꾸는 것만으로도 문장의 품격이 한 단계 올라간다.

정확한 문장을 위해서는 주어, 서술어, 대상 관계를 명확히 해야 한다. 한국어 문장에서 가장 흔한 오해는 문장 구조의 모호성에서 비롯된다.

예) "이번 성과는 여러분의 기대와 회사의 목표에 부응하는 것입니다."

→ 기대에 부응하는가, 목표에 부응하는가, 둘 다인가?

한 문장이 2가지 이상으로 해석되어서는 안 된다.

깊게 말하라 - 여운을 만드는 문장의 미학

깊이라는 것은 '어려움'을 뜻하는 것이 아니다. 오히려 '단순한 문장 속에 담긴 울림과 진정성'이 깊이를 만든다.

예를 들어 '감사합니다'라는 아주 흔한 문장도 맥락이 정돈되면 깊은 인상을 준다.

예) "여러분과 함께한 시간 자체가 제게는 큰 선물이었습니다. 감사합니다."

문장의 깊이는 표현의 복잡함이 아니라 의미의 밀도에서 나온다.

행사 스피치에서 비유는 과하지 않게, 절제해서 사용하는 것이 좋다.

예) "오늘의 이 만남이 긴 여정의 첫걸음이 되기를 바랍니다."
"여러분은 이 조직의 미래를 밝히는 등불입니다."

비유는 단번에 이미지를 그려주어 문장에 깊이를 더하고 기억에 오래 남는다.

행사 스피치에서 '마지막 문장'은 전체 메시지의 결론이자 청중의 기억에 남는 유일한 부분이기 때문에 반드시 여운을 남겨야 한다. 좋은 마무리 문장은 다음 조건을 갖춘다.

- 핵심 메시지의 요약
- 감정의 정리
- 미래를 향한 단 한 걸음

예) "여러분의 내일이 오늘보다 더 빛나길 진심으로 응원합니다."

이 한 문장이 스피치 전체를 정리해 준다.

행사 스피치 문장은 다음 3가지 원칙으로 귀결된다.

① **짧게** 핵심만 말하라.

② **정확하게** 오해 없는 문장을 구성하라.

③ **깊게** 단순한 말 속에 울림을 담아라.

이 3가지 원칙은 상호 보완적이다. 짧고 정확한 문장은 깊이를 더하기 쉬우며, 깊이 있는 문장은 정확성과 간결함으로 만들어진다. 행사 스피치 문장력은 타고난 능력이 아니라, 꾸준한 연습과 문장 다듬기를 통해 길러진다. 문장을 다듬는 순간, 말의 품격이 확실하게 달라진다.

행사 스피치의 설계

흐름, 리듬, 이미지를 설계하는 말의 무대 연출

행사 스피치는 '설계된 구조, 조율된 리듬, 선명한 이미지'가 결합된 하나의 작품이다. 특히 청중의 집중력이 제한된 상황에서 짧은 시간 안에 메시지를 효과적으로 전달해야 한다. 따라서 '글쓰기'보다 '디자인'의 관점에서 접근해야 한다. 말의 흐름을 어떻게 구성할 것인가, 문장의 리듬을 어떻게 연출할 것인가, 청중의 눈앞에 어떤 장면과 이미지를 떠올리게 할 것인가, 이 질문에 대한 해답이 곧 스피치 설계다.

흐름 - 말의 길을 설계하다

스피치가 청중의 마음속에서 어떻게 이동하는지를 뜻한다. 거친 흐름은 말을 끊어지게 하고, 자연스러운 흐름은 말을 이끌어간다. 스피치는 시작과 끝만으로 완성되지 않는다. 도입에서 결론까지 청중이 따라올 수 있는 길을 만들어야 한다.

흐름을 디자인하는 핵심은 다음 3가지다.

- 연결 : 문단과 문장을 자연스럽게 이어주기

- 전환 : 새로운 주제로 넘어갈 때 완만한 다리 놓기
- 정돈 : 핵심 메시지를 중심으로 주변 내용을 배열하기

"오늘의 성과는 과거의 노력에서 비롯되었습니다. 이제 우리는 미래를 향해 나아가야 합니다."
두 문장은 시간의 흐름을 이용해 자연스럽게 연결된다.

행사 스피치에서 가장 자연스러운 흐름의 순서는 '이 말이 왜 필요한가 → 무엇을 말할 것인가 → 어떻게 마무리할 것인가'이다.

- 왜 : "오늘은 우리 조직에게 중요한 날입니다."
- 무엇 : "이 자리에서 3가지 메시지를 나누고자 합니다."
- 어떻게 : "함께 새로운 미래를 향해 걸어갑시다."

이 구조는 설명하는 스피치뿐 아니라 축사, 환영사 같은 짧은 스피치에도 적용할 수 있다.

청중이 숨을 고를 수 있는 속도가 필요하다. 같은 속도로 말하면 단조로워지고, 빠르기만 하면 따라오지 못하며, 느리기만 하면 지루해진다. 좋은 흐름이란 속도의 변화가 자연스럽게 배치된 것이다.

리듬 - 귀에 들리는 조형미

문장의 내용이 마음을 움직인다면, 문장의 리듬은 귀를 잡아당긴다.

스피치에서 리듬은 글에서 드러나지 않는 힘이다. 발화되는 언어는 음악처럼 들린다. 따라서 문장 구성은 '들리는 방식'을 고려해야 한다.

좋은 연사는 '길이의 대비'를 통해 짧고 긴 문장을 배치하여 리듬을 만든다. 짧은 문장이 긴 문장을 받쳐주고, 긴 문장은 짧은 문장을 강조한다.

예) "이 길은 쉽지 않습니다. 그러나 반드시 가야 할 길입니다. 왜냐하면 그 길 끝에 우리의 미래가 있기 때문입니다."

문장이 너무 길어지면 호흡이 늘어지고 리듬은 파괴된다. 따라서 스피치 문장은 '한 호흡으로 낭독할 수 있는 길이'가 적당하다. 3단 반복법은 스피치 디자인에서 가장 강력한 기법이다.

"우리는 기억할 것입니다.

우리는 실천할 것입니다.

우리는 나아갈 것입니다."

반복은 메시지를 강화할 뿐 아니라 청중의 참여를 높인다.

이미지 - 마음속에 장면을 그리다

언어는 시각적 상상력을 불러일으킬 때 비로소 강력해진다. 행사 스피치의 문장은 청중이 머릿속으로 이미지를 떠올릴 수 있어야 한다.

장면은 감정을 불러일으키고, 추상은 정보를 전달한다. 행사 스피치에는 장면이 필요하다.

예) 추상 : "변화가 필요합니다."

장면 : "지금 우리가 서 있는 이 자리에서 한 걸음만 더 나아간다면, 새로운 길
이 열릴 것입니다."

비유는 스피치의 그림 언어로 말에 색을 입히는 역할을 한다. 비유는 과용하면 작위적으로 보이지만, 한두 개의 절제된 비유는 스피치를 빛나게 한다.
예) "오늘의 성취는 작은 불씨가 큰 불꽃이 되기까지의 여정이었습니다."
　　"여러분의 지혜는 이 조직의 나침반입니다."

마지막 한 문장은 청중의 머릿속에 남는 장면으로 가장 선명한 이미지를 디자인해야 한다. 이것이 스피치의 전체 인상을 결정짓는다.
예) "그대들의 내일이, 더 밝은 하늘로 열리기를 기원합니다."
　　"이 한 걸음이 우리의 새로운 역사를 열 것입니다."

흐름, 리듬, 이미지는 각각 독립된 요소가 아니라 서로 얽혀 하나의 스피치를 완성한다. 흐름은 장면을 운반하고, 리듬은 감정을 입히며, 이미지는 그것을 시각화한다. 흐름은 스피치의 뼈대, 리듬은 미세 조율, 이미지는 감정의 정점을 만든다.

도입-본론-결론을 '장면'으로 구성하면 스피치 전체가 하나의 서사처럼 전달된다.

- **도입** : 청중이 바로 몰입할 수 있는 장면
- **본론** : 메시지와 사례를 담은 전개의 장면
- **결론** : 미래를 향한 이미지

행사 스피치는 길지 않지만, 청중의 집중력은 언제나 자연스럽게 흔들린다. 따라서 일정 간격마다 '리듬의 전환, 속도의 변화, 이미지의 삽입'이 필요하다. 청중의 집중도에 따라 3분, 5분, 7분에 한 번씩 리듬을 전환해야 한다.

스피치를 바라보는 관점이 달라지면, 말의 품격도 달라진다. 문장을 배열하는 기술을 넘어, 스피치를 하나의 예술적 구조물로 보는 순간 청중의 마음은 자연스럽게 열린다.

2장

사람과 관계를 잇는 스피치

결혼식 주례사

진심과 지혜의 언어로 두 사람의 길을 열어주는 말

결혼식 주례사는 수많은 행사 스피치 가운데 가장 개인적이면서도 가장 공적인 말이다. 한 사람의 인생과 또 한 사람의 인생이 서로를 향해 열리는 순간, 주례사의 말은 두 사람의 새로운 길을 축복하며, 동시에 공동체가 그 결합을 지지한다는 선언이다. 따라서 주례사는 단순한 축하의 말이 아니며, 결혼식의 품격과 분위기, 더 나아가 신랑과 신부의 마음속에 오랫동안 기억될 메시지를 담아야 한다. 주례사의 말은 두 사람이 걸어갈 길의 첫 장면을 연다.

결혼식은 축제의 자리지만, 주례사는 축하에만 머물러서는 안 된다. 그 말은 신랑 신부의 삶을 관조하는 지혜여야 하고, 동시에 그들의 마음에 다가가는 따뜻한 진심이어야 한다.

주례사는 짧은 문장 속에 인생의 방향을 제시하는 강한 메시지가 필요하다.

예) "사랑은 감정이 아니라 선택이며, 선택을 지켜내는 책임입니다."

"결혼은 서로를 완성시키는 과정이고, 서로를 성장시키는 동반자 관계입니다."

핵심 메시지가 한 줄로 요약될 수 있어야 하고, 지혜가 선명하게 드러날수록 기억에 오래 남는다.

말은 결국 마음에서 흘러나온다. 진심 없는 주례사는 아무리 문장이 화려해도 공허하다. 따뜻한 진심을 담는 방법은 단순하다. 신랑 신부의 이름을 정확히 불러주는 것, 그들이 지나온 길을 인정해주는 것, 오늘 이 자리를 위해 준비한 마음을 헤아려주는 것이다.

주례사의 구조

주례사는 '도입 → 메시지 전개 → 축복의 마무리'라는 단순하면서도 품격 있는 구조가 적합하다.

도입 : 오늘의 의미를 여는 말

도입은 결혼식의 분위기를 결정한다. 너무 길거나 과도한 농담은 분위기를 흐릴 수 있으며, 너무 형식적이면 청중의 마음이 멀어진다. 좋은 도입은 다음과 같은 요소를 포함한다.

- 두 사람의 만남의 의미
- 이 자리에 함께한 이들에 대한 감사
- 오늘이 왜 축복의 순간인지에 대한 간단한 언급

예) "오늘 이 자리에서 두 사람의 손이 하나가 되는 모습을 함께한다는 것은 우리 모두에게 큰 기쁨이자 축복입니다."

메시지 전개 : 인생의 지혜를 담은 본론

주례사의 중심은 본론이다. 여기서는 보통 다음 3단 구성을 사용하면 안정적이다.

- 사랑에 대한 메시지
- 함께 살아간다는 것의 의미
- 서로를 향한 약속의 중요성

  각 메시지는 너무 길 필요 없으며, 한 문단에 한 가지로 충분하다.

축복의 마무리 : 언어로 길을 열어주기

마무리는 주례사의 정점이다. 축복의 말은 시적·상징적 표현을 사용하면 좋다.

예) "두 사람이 걷는 모든 길 위에 평안이 함께하기를, 서로의 손을 잡고 오래도록 따뜻한 마음을 지켜가기를 기원합니다."

주례사에 자주 쓰이는 표현 - 품격과 절제의 언어

주례사는 공식적인 자리이므로 언어는 절제되면서 품격 있어야 한다.

축복 표현

"하늘의 은총과 사람들의 축복이 두 분과 함께하기를 바랍니다."

"두 사람의 앞날에 언제나 따뜻한 빛이 비추기를 기원합니다."

관계의 의미를 강조하는 표현

"결혼은 서로를 선택한 용기이며, 그 선택을 지켜내는 책임입니다."

"사랑은 서로를 바라보는 감정이 아니라 같은 방향을 바라보는 마음입니다."

미래를 열어주는 표현

"두 사람이 걸어갈 모든 여정이 성장과 기쁨으로 채워지기를 바랍니다."

"오늘의 다짐이 내일의 행복을 만든다는 사실을 잊지 마십시오."

전통적이면서 현대적인 주례사 예시문

"오늘 우리는 두 사람이 새로운 여정을 시작하는 역사적 순간을 함께하고 있습니다. 이 자리에 모이신 모든 분께 깊은 감사의 인사를 드립니다.

사랑은 어느 날 갑자기 찾아오는 감정이 아니라, 날마다 선택하고 지켜내야 하는 의지입니다. 신랑 ○○○와 신부 ○○○가 서로를 선택한 오늘의 결단은 앞으로의 삶을 함께 만들어갈 소중한 토대가 될 것입니다.

결혼은 서로의 차이를 이해하고, 그 차이 속에서 조화를 이루는 과정입니다. 때로는 기쁨이, 때로는 어려움이 찾아오겠지만, 서로의 손을 놓지 않는다면 어떤 어려움도 이겨낼 수 있습니다.

두 분의 앞날에 변함없는 사랑과 평안이 함께하길 바랍니다. 두 분이 걸어가는 모든 길 위에 따뜻한 빛이 비추기를 진심으로 축원합니다."

주례사 작성 실전 가이드

아래 체크리스트를 활용하면 오래 기억에 남을 주례사를 작성할 수 있다.

도입

- 결혼식의 의미를 간단히 언급했는가?
- 신랑, 신부, 하객에 대한 감사의 인사를 포함했는가?

본론

- 하나의 핵심 메시지가 분명히 보이는가?
- 사랑, 책임, 동반자 관계 등 2~3개의 주제를 간결히 다뤘는가?

마무리

- 축복의 말이 분명하게 드러나는가?
- 이미지, 상징, 은유 중 하나를 활용했는가?

결혼식은 짧지만, 그날의 주례사는 오래도록 기억될 수 있다. 좋은 주례사는 '가볍지 않되 따뜻하며, 깊지만 과하지 않은 말'이다. 주례사의 언어는 결혼생활의 첫 기억이 된다. 따라서 '두 사람의 인생을 축복하는 언어 예술'이 되어야 한다.

수상 소감

감사는 말로 표현될 때 완성된다

수상 소감은 짧은 연설이지만, 그 무게는 결코 가볍지 않다. 그것은 한 개인이 걸어온 길의 집합이며, 함께해 준 사람들에 대한 감사와, 앞으로의 책임을 다짐하는 공적 언어다. 수상 소감은 흔히 형식적 인사말로 오해되지만, 실제로는 수상자가 지닌 세계관, 태도, 가치관을 드러내는 가장 압축적이고 진정성 있는 스피치이기도 하다. 감사함은 말로 표현될 때 비로소 완성된다. 따라서 수상 소감은 말을 통해 마음을 전하는 가장 순수하고 품격 있는 연설의 형식이다.

수상 소감은 '감사'를 중심으로 구성된다. 감사를 통해 자신의 위치와 책임을 재확인하는 과정이므로, 겸손의 언어를 사용해야 한다.

수상은 혼자 만들어낸 결과가 아니다. 어떤 형태로든 누군가의 도움, 지도, 배려, 연대가 있었다. 따라서 수상 소감은 '나'를 드러내는 말이 아니라 '나를 있게 한 공동체'를 드러내는 말이다. 겸손한 태도가 담기지 않으면, 아무리 화려한 언사도 공허해진다. 상은 끝이 아니라 시작이다. 수상 소감은 앞으로의 행보를 약속하는 자리이기도 하다.

수상 소감의 구조

수상 소감은 대개 1~3분의 짧은 스피치다. 따라서 구조가 단순해야
한다. 다음의 3단 구성이 가장 안정적이다.

도입 : '감사합니다'의 품격

짧고 자연스러워야 한다. 너무 장황하거나 과장되면 오히려 감동이
줄어든다.

"이 상을 받게 되어 깊이 감사드립니다."

"저에게 과분한 상을 주신 여러분께 고개 숙여 감사드립니다."

본론 : 누구에게, 무엇을, 어떻게 감사하는가?

감사의 대상을 구체적으로 언급하되, 나열식이 되지 않도록 간결한
구조를 유지한다. 감사의 대상은 보통 다음과 같다.

- 나를 지도한 사람
- 함께 일한 동료 또는 팀
- 가족 또는 가까운 지인
- 수상의 의미를 만들어준 사회·조직

  여기서 핵심은 '감사한 이유를 한 문장으로 정리하는 것'이다.

  "제가 이 자리에 설 수 있었던 것은 저를 믿어준 동료들 덕분입니다."

  "가족의 인내와 응원이 오늘의 저를 만들었습니다."

결론 : 앞으로의 다짐

책임을 확인하고, 미래를 향한 각오를 간결하게 제시한다.

"이 상의 의미에 부응하도록 더욱 정진하겠습니다."

"이 상이 저에게 주어진 사회적 역할을 다시 확인하게 합니다."

수상 소감의 어휘 - 절제와 품격의 미학

수상 소감은 화려한 표현보다 절제된 언어가 빛난다. 감정은 진실해야 하고, 문장은 간결해야 한다. 자주 쓰이는 예는 다음과 같다.

"영광스럽습니다."

"제게 주어진 책임을 무겁게 느낍니다."

"여러분과 이 기쁨을 함께 나누고 싶습니다."

"이 상은 저 혼자의 것이 아닙니다."

하지만 수상 소감은 모든 청중이 듣는 만큼 언어의 균형과 품격이 중요하다. 따라서 다음과 같은 표현은 피하는 것이 좋다.

- 지나친 겸손("저는 아무것도 아닙니다" 등)
- 과도한 유머 사용
- 특정 인물만을 지나치게 강조하는 감정적 언사

수상 소감 완성형 예시문

"이 상을 받게 되어 진심으로 감사드립니다. 저에게는 과분한 상이며, 저보다 더 훌륭한 분도 많다는 사실을 잘 알고 있습니다.

무엇보다 제 곁에서 늘 함께 고민하고 도와준 동료들에게 깊은 감사를 전합니다. 여러분의 열정과 헌신이 없었다면, 오늘의 성과는 결코 가능하지 않았을 것입니다. 가족에게도 특별히 감사한 마음을 전하고 싶습니다. 기쁠 때나 어려울 때나 변함없이 저를 지지해 주었고, 제가 흔들릴 때마다 다시 일어설 수 있게 해준 힘이었습니다.

이 상은 끝이 아니라 새로운 시작이라고 생각합니다. 앞으로 더 배우고 더 겸손하게 일하겠습니다. 여러분의 기대에 어긋나지 않도록 늘 최선을 다하겠습니다. 감사합니다."

수상 소감 작성 실전 가이드

아래 체크리스트를 활용하면, 어떤 상황에서도 짧고 품격 있는 수상 소감을 완성할 수 있다.

도입

- 감사함을 전하는 첫 문장이 자연스러운가?
- 수상의 의미를 간단히 언급했는가?

본론

- 감사하는 대상을 2~3개로 간결하게 정리했는가?
- 이유가 명확히 드러나는가?
- 감정이 지나치게 과장되지 않았는가?

결론

- 앞으로의 다짐이 분명한가?
- 조직, 사회, 청중과의 관계가 드러나는가?
- 시적 또는 상징적 한 줄로 끝낼 수 있는가?

    수상 소감은 한 개인의 기쁨을 넘어, 그를 지지한 모든 사람에게 건네는 감사의 선언이다. 감사의 말은 타인의 마음에 도달해야 하므로 수상 소감은 가장 순수하면서도 가장 깊은 감동을 주는 스피치다. 좋은 수상 소감은 짧지만 오래 기억된다. 그 이유는 간단하다. 그 말 속에 겸손, 감사, 책임이라는 인간다움의 본질이 녹아 있기 때문이다.

승진 및 취임사

책임과 포부의 메시지

누군가 자리에 오른다는 것은 단지 직책이 바뀌는 일이 아니다. 이제 새로운 책임을 지는 만큼, 새로운 언어로 말해야 한다. 그래서 승진 및 취임사는 인사치레가 아니라, '나는 이 자리에 어떤 태도로 임하겠다'는 선언이며, '나는 누구와 함께 가겠다'는 동맹의 언어다.

"저는 오늘부터 성과보다 사람을 먼저 챙기겠습니다. 그리고 그것이 결국 우리 모두의 성과가 되도록 하겠습니다."

이 한 문장이 조직의 분위기를 바꾸기도 한다.

승진 및 취임사의 본질

'내가 누구인지'를 보여주는 말이다. 사람들은 능력보다 '어떤 사람인가'를 알고 싶어 한다. 그래서 이 스피치의 핵심은 3가지로 정리된다.

감사 나를 여기까지 이끈 사람들에 대한 인식

책임 지금부터 감당해야 할 자리에 대한 자각

포부 앞으로 무엇을, 어떻게 해나가겠다는 의지

예) "오늘 이 자리에 서기까지 함께 걸어준 동료 여러분, 감사합니다. 이제는 저를
　　위해서가 아니라, 여러분을 위해 일하겠습니다."

짧지만 겸손, 책임, 비전이 함께 담긴 표현이다.

"변화하지 않으면, 살아남을 수 없습니다. 잘나가는 기업도 변해
야 합니다. 이제부터 삼성은 무조건 바꿔야 합니다."

이건희 회장의 1987년 취임사 중 일부다. 이 말은 단순한 경영
구호가 아니라, '이제부터 다르게 하겠다'는 책임과 결연한 포부의
선언이었다. 취임사는 '나는 이 자리를 어떻게 이해하고, 어떤 방향
으로 이끌겠는가?'를 천명하는 언어다.

취임사의 3단 구조 - 감사, 책임, 포부

취임사는 '개인의 승리'가 아니라, '공동체의 미래'를 함께 여는 약
속이어야 한다.

도입 : 감사와 인사

"이 자리를 허락해 주신 모든 분께 감사드립니다."

"함께 일해 온 동료들 덕분에 여기까지 왔습니다."

본론 : 자리에 대한 인식과 책임

"이 직책은 영광이기보다 무거운 책임입니다."

"조직의 어려움과 기대를 누구보다 잘 알고 있습니다."

"여러분의 믿음을 실망시키지 않겠습니다."

결론 : 포부와 협력 요청

"이제부터는 우리가 함께 만들어가는 시간이 될 것입니다."

"앞에서 뛰되, 늘 여러분 곁을 지키겠습니다."

"지켜봐 주시고, 함께해 주십시오."

언어의 온도 - 권위보다 겸손, 지시보다 동행

승진 및 취임사에서 흔한 실수는 '형식적이고 권위적인 말투'다.

"본인은 이 자리를 통해……"

"최선을 다할 것을 다짐하며……"

"여러분의 협조를 당부드립니다."

이런 표현은 듣는 이에게 '지시'처럼 들릴 수 있다. 대신 이렇게 말할 수 있다.

"이 자리에 설 수 있도록 도와주신 모든 분들께 진심으로 감사드립니다."

"부족하지만, 함께 배우며 성장하겠습니다."

"제가 먼저 다가가겠습니다. 여러분이 도와주십시오."

여기서의 키워드는 '겸손, 공동체, 포부'이다.

상황별 표현(축약형)

감사

"저보다 더 열심히 일한 동료들이 많습니다."

"이 자리는 저 혼자만이 아니라, 함께해 주신 여러분 덕분입니다."

책임

"이 직책은 특권이 아니라 책임입니다."

"저는 이 자리를 무겁게 받아들입니다."

포부

"함께 성장하는 문화를 만들겠습니다."

"사람이 먼저인 조직을 만들겠습니다."

협력

"앞으로 가장 중요한 것은 여러분과의 소통입니다."

"저 혼자 잘해서는 아무 일도 되지 않습니다. 함께 부탁드립니다."

취임사는 한 사람의 말이 '조직의 방향과 신뢰'를 결정짓는 순간이다. 그 말은 선언이자 약속이고, 동시에 스스로를 향한 다짐이다. 말을 어떻게 하느냐가, 그 자리에 어떤 사람이 섰는지 보여준다. 승진 및 취임사는 '직책의 무게를 말로 견뎌내는 연습'이며, 그 말이 곧 리더십의 첫 모습이 된다.

생일·회갑 기념사

한 사람의 시간에 경의를 표하는 언어의 의식

기념사는 한 사람이 걸어온 시간에 경의를 표하고, 그가 쌓아온 삶의 의미를 공동체가 함께 확인하는 말이다. 특히 생일·회갑 기념사는 '개인의 역사와 가족의 기억, 공동체에 대한 감사가 교차하는 말'로서, 말하는 사람의 품격과 따뜻함이 고스란히 드러난다. 회갑은 더욱 특별하다. 긴 인생의 한 고개를 돌아보는 순간이자, 앞으로의 시간을 격려하는 '언어의 전환점'이기 때문이다.

생일·회갑 기념사의 본질은 '시간'과 '관계'를 말로 표현하는 일이다. 그 사람의 존재를 기념하는 동시에 그와 함께 이어온 관계의 역사를 따라가는 말이다. 지나온 세월은 숫자로만 설명할 수 없다. 그 속에는 고단함, 기쁨, 선택, 후회, 그리고 성장의 이야기가 담겨 있다. 예) "○○선생님은 언제나 묵묵히 가족을 위해 한길을 걸어오셨습니다."

기념사는 '나'의 언어가 아니라 '우리'의 언어이며 주변 사람들과의 관계를 정리하고 한 사람이 주변에 끼친 영향과 사랑을 확인하는 언어다.

예) "함께한 수많은 사람에게 따뜻한 마음을 나누셨습니다."

또한 기념사는 과거를 기리는 동시에 미래를 여는 말이며, 앞으로의 시간에 대한 축복과 응원의 언어이기도 하다.

예) "지금까지처럼, 앞으로의 여정도 건강과 평안이 함께하시길 바랍니다."

기념사의 구조 - '기억·감사·축복'의 3단 구성

생일·회갑 기념사는 특별한 문학적 기교가 필요하지 않다. 중요한 것은 진심과 품격이다.

기억 : 걸어온 시간에 대한 회고

기념사는 상대의 삶을 '기억'하는 말로 시작한다.

- 간단한 연대기
- 함께한 경험
- 주변 사람들의 평가

예) "돌이켜보면, ○○선생님의 삶은 언제나 성실함과 따뜻함이었습니다."

감사 : 그 사람의 존재 자체에 대한 존중

기념사를 듣는 사람들을 감동시키는 것은 고인의 업적보다 그가 우리에게 어떤 사람이었는가 하는 것이다.

예) "오늘의 주인공 덕분에 우리 가족은 언제나 든든했습니다."

축복 : 미래를 향한 격려와 기원

생일·회갑은 새로운 시작점이다. 따라서 끝부분은 자연스럽게 미래의 시간에 축복을 보내는 마무리로 이어진다.

예) "앞으로도 건강과 기쁨이 늘 함께하길 바랍니다."

기념사에 자주 쓰이는 어휘와 리듬

기념사는 너무 장황하지 않아야 한다. 온화한 문장, 따뜻한 말투, 진실한 감정이 핵심이다. 기념사는 품격을 지키되, 진심을 담아야 한다.

추천하는 표현

"지금의 당신을 있게 한 시간들에 경의를 표합니다."

"가족의 중심으로 늘 우리를 지켜주셨습니다."

"그 품성과 인품이 오늘의 자리를 만들었습니다."

피해야 할 표현

- 지나친 미사여구
- 상대가 부담을 느낄 정도의 과한 칭찬
- 지나치게 사적인 언급

회갑 기념사 완성형 예시문

"오늘 우리는 ㅇㅇ선생님의 회갑을 맞아, 그분의 걸어온 인생 여정을 함께 기립니다.

선생님께서는 평생을 묵묵히 자신의 자리에서 성실하게 살아오셨습니다. 가족을 위한 헌신과 주위 사람을 향한 따뜻한 마음은 많은 이들의 기억 속에 고스란히 남아 있습니다.

돌이켜보면, 선생님과 함께한 시간은 늘 배움과 격려, 그리고 따뜻한 미소로 가득했습니다. 그 존재 자체가 우리 가족에게 큰 힘이 되었으며, 많은 이들에게 귀감이 되어주었습니다.

오늘 우리는 감사드립니다. 선생님께서 보여주신 인품과 삶의 자세는 우리 모두에게 깊은 울림과 가르침을 주었습니다. 앞으로의 시간도 건강과 평안이 함께하시길 기원합니다. 늘 지금처럼 따뜻한 마음으로 우리 곁에 계시길 바랍니다.

회갑을 진심으로 축하드립니다."

생일·회갑 기념사 6단계 구성

다음의 6단계를 활용하면 누구나 자연스럽고 품격 있는 기념사를 작성할 수 있다.

① 주인공 소개

② 삶의 특징·성품

③ 함께한 기억

④ 주변 사람들과의 관계

⑤ 감사의 언어

⑥ 축복과 기원

생일·회갑 기념사는 단지 축하의 언어가 아니라, '한 사람의 역사'를 말로 복원하는 일이다. 그 '사람의 삶을 하나의 이야기'로 만들고 가족과 공동체가 기쁨과 감사의 마음을 나누는 순간이다. 좋은 기념사는 길지 않아도 된다. 단정하고 고요한 톤으로, 진심을 담아 그 사람의 시간을 존중하는 말이면 충분하다.

창립 기념사

한 조직의 시작과 미래를 말로 연결하는 언어

창립 기념사는 한 조직의 탄생을 다시 확인하고, 지금까지의 여정을 정리하며, 앞으로의 비전을 공동체 전체에 명확히 제시하는 중요한 '공적 언어'다. 창립은 우연이 아니라 선택이며, 하루가 아닌 시간의 축적이고, 개인의 꿈이 아닌 공동체의 방향을 결정한 역사적 사건이다. 따라서 창립 기념사는 '우리'를 하나로 묶어주는 정체성과 방향성을 점검하는 자리다.

창립 기념사 3가지 축

정체성 : 우리는 누구인가?

조직이 시작된 이유, 존재 목적, 핵심 가치 등을 다시 확인하는 과정이다. 창립 기념사는 '기원'을 언어로 복원함으로써 구성원에게 정체성을 강화한다.

예) "회사는 정직, 창조, 책임이라는 3가지 가치를 바탕으로 출범했습니다."

여정 : 우리는 어떻게 여기까지 왔는가?

창립 이후 걸어온 길에는 노력, 실패, 성취, 사람들의 이야기가 담겨
있다. 기념사는 이 여정을 '공동체의 자산'으로 재정리한다.

예) "초기의 작은 사무실에서 시작했으나, 구성원들의 헌신이 오늘의 성장을 가능
　　하게 했습니다."

비전 : 우리는 어디로 가고 있는가?

좋은 기념사는 과거를 기리는 데 머물지 않는다. 미래를 향한 분명
한 메시지를 제시해야 한다.

예) "지금까지의 축적을 바탕으로, 미래 10년의 혁신을 준비하겠습니다."

창립 기념사의 구조 - 기억, 존중, 미래의 3단 구성

창립 기념사는 다음의 흐름이 이상적이다.

도입 : 축하와 의미 부여

"오늘, ○○의 창립 ○주년을 맞아……"

"이 뜻깊은 자리에 함께해 주신 모든 분께 감사드립니다."

본론 : 조직의 역사적 여정과 자부심 정리

- 창립 배경
- 그동안의 성취 및 극복한 위기
- 조직 문화와 가치

결론 : 미래의 비전과 다짐 공유

- 향후 5년, 10년의 전략적 방향

- 구성원과 함께하고자 하는 약속

- 새로운 도전과 정신 강조

예) "창립 정신을 오늘에 맞게 재해석하며, 함께 미래를 열어가겠습니다."

창립 기념사 완성형 예시문

"존경하는 내외 귀빈과 사랑하는 구성원 여러분, 오늘 우리는 ○○의 창립 ○주년을 맞아, 그동안의 여정을 함께 되돌아보고자 이 자리에 섰습니다.

○○이 처음 문을 열던 날, 우리는 작은 시작이었지만, 큰 꿈을 품고 있었습니다. 그 꿈은 이익을 넘어 사회에 기여하고, 사람을 중심에 두는 조직을 만들겠다는 다짐이었습니다.

돌아보면, 오늘에 이르기까지 순탄한 길만 있었던 것은 아닙니다. 수많은 도전과 역경 속에서도, 우리 구성원들은 끝까지 포기하지 않았고, 그 헌신과 책임감이 지금의 발전을 가능하게 했습니다.

오늘의 성취는 개인의 것이 아니라 '우리' 모두의 것입니다. 그 자체로 자랑스러운 역사이며, 앞으로의 길을 밝히는 든든한 기반입니다.

이제 우리는 새로운 미래를 향해 나아가야 합니다. 빠르게 변화하는 환경 속에서, 우리가 지켜야 할 것은 창립 당시의 정신이며, 우리가 강화해야 할 것은 협력, 창조, 책임의 조직문화입니다.

앞으로도 ㅇㅇ은 사람을 소중히 여기고 사회적 가치를 실천하는 조직으로서, 더 큰 도약을 준비하겠습니다.

다시 한 번, 이 자리에 함께해 주신 여러분께 깊이 감사드립니다."

창립 기념사를 위한 핵심 표현 전략

가치 중심 어휘

- 창립 정신

- 우리의 정체성

- 사명과 책임

여정 회고 어휘

- 초심을 잃지 않았다

- 도전 속에서 성장했다

- 함께 만들어온 역사

미래 비전 어휘

- 새로운 10년의 출발점

- 더 넓은 세계를 향한 도약

- 지속 가능한 혁신

창립 기념사 5단계 구성

다음 5단계에 맞춰 작성하면 누구나 자연스럽게 품격 있는 기념사를 만들 수 있다. 이 틀은 어떤 조직이든 보편적으로 활용 가능하다.

① 창립의 의미

② 조직의 여정

③ 핵심 성과·가치

④ 미래 비전

⑤ 구성원에 대한 감사

창립 기념사는 한 기업, 기관, 단체의 역사를 말로 정리하는 의식이며, 과거와 현재, 미래를 잇는 언어적 다리다. 기념사는 길지 않아도 된다. 중요한 것은 공동체의 품격을 높이고, 모두가 미래를 향해 나아갈 힘을 모으는 언어의 방향성이다.

"우리는 어디서 왔고, 누구이며, 어디로 가는가."

이 질문에 품격 있게 답하는 말이 바로 창립 기념사다.

졸업식 축사

이별이 아닌 시작을 말하는 연설

학교 강당에 졸업 축가가 울려 퍼지고, 아이들은 꽃다발을 들고 사진을 찍는다. 그때 한 교사가 말한다.

"여러분, 졸업은 벽이 아닙니다. 그것은 다음 세계로 넘어가는 문입니다. 문을 열고 나서는 건, 이제 여러분의 몫입니다."

이 한마디에는 '한 세대를 보내는 어른의 격려'가 담겨 있다. 졸업식 축사는 의례적인 인사가 아니라, '청춘에게 전하는 마지막 수업'이다.

졸업식 축사의 의미 - 말로 남기는 응원과 안내

좋은 졸업식 축사는 "축하합니다, 성공하세요"를 넘어서야 한다. 중요한 것은 감동보다 '힘이 되는 말'을 남기는 것이다.

졸업식 축사의 핵심 요소는 다음 3가지다.

함께했던 시간의 회고

"이 교정에 여러분의 웃음이 얼마나 많이 쌓여 있는지 아시나요?"

삶에 대한 조언과 응원

"세상은 쉽지 않지만, 여러분은 이미 많은 것을 이겨낸 사람입니다."

미래에 대한 상징적 제안

"이제, 자기 이름으로 살아가는 사람이 되시기 바랍니다."

시대와 세대를 잇는 문장의 사례로 노무현 전 대통령의 부산상고 졸업식 축사(2004년)를 들 수 있다. 그의 말은 단순한 축하가 아니라, 청춘의 자존감과 희망을 지키려는 연설이었다.

"가난하다고 꿈조차 가난할 수는 없습니다. 여러분이 어떤 환경에 있든, 꿈을 포기하지 않으면 세상은 기회가 됩니다."

졸업식 축사의 3단 구조

도입 : 축하와 감사

"여러분의 졸업을 진심으로 축하합니다."

"이 자리를 빛내주신 가족과 선생님들께 감사드립니다."

본론 : 추억 + 응원

"교정의 벚꽃은 여러분을 가장 기억할 것입니다."

"실패해도 괜찮습니다. 멈추지 않으면 됩니다."

결론 : 제안 + 축복

"이제는 여러분의 삶이 누군가에게 희망이 되기를 바랍니다."

"이제, 그대들이 진짜 주인공입니다."

어휘와 표현 - 청춘의 언어로 말하기

관습적 표현	더 살아 있는 표현
졸업을 축하합니다.	오늘, 여러분은 세상으로 나아갑니다.
앞날에 건승을 기원합니다.	여러분의 내일이 스스로 자랑스러우면 좋겠습니다.
자랑스러운 인재가 되십시오.	누구보다 '자기다운 사람'이 되십시오.

여기서 핵심은 교훈보다 공감과 응원의 목소리이며, 실패와 불안을 함께 인정해 주는 따뜻한 현실 감각이다.

청춘에게 졸업은 기대이면서 두려움이다. 그때 "당신은 괜찮습니다", "당신의 속도대로 가십시오"라는 말은 평생을 지탱해 줄 힘이 된다.

환영사

새로운 만남을 여는 문

신입사원 연수에서 한 임원이 말했다.

"여러분이 이 자리에 오기까지 얼마나 많은 준비를 했는지 알고 있습니다. 그래서 이 자리는, 우리가 여러분을 '기다려온 자리'입니다. 환영합니다."

이 한마디에 신입사원들은 '초대받은 존재'임을 느꼈다. 환영사는 단순한 인사가 아니라, '우리는 당신을 맞이할 준비가 되어 있다'는 신호다.

좋은 환영사의 3가지 조건

- **진심** 형식이 아닌, 준비된 마음의 환대
- **공감** 낯선 이의 긴장을 풀어주는 언어
- **관계 설정** '이제부터 함께 어디로 갈 것인가'를 보여주는 방향

  이때 환영사는 '초대의 말'을 넘어 '함께 걷겠다는 선언'이 된다.

다음은 기억에 남는 서울대 입학식 환영사 일부다.

"여러분은 이제부터 서울대라는 이름의 주인이 아닙니다. 여러분의 이름으로, 서울대를 새롭게 써나가야 할 사람들입니다."

이 말은 단순한 환영을 넘어, '역할, 책임, 자부심'을 함께 심어준다.

환영사의 3단 구조

도입 : 따뜻한 환대

"먼 길 오신 여러분을 진심으로 환영합니다."

본론 : 초대의 이유와 의미

"여러분의 참여는 우리에게 새로운 기회이자 변화입니다."

"여러분의 존재가 이 공동체의 미래를 넓힙니다."

결론 : 소속감과 여정의 제안

"이제 우리는 함께 걷는 사람들이 되었습니다."

"머무는 동안, 이곳이 여러분의 집이 되길 바랍니다."

핵심 질문은 하나다.

"우리가 왜 당신을 환영하는가?"

환영사 표현 전략

흔한 표현	감동을 주는 표현
여기 오신 것을 환영합니다.	이 자리에서 여러분을 뵙게 되어 기쁩니다.
참여해 주셔서 감사합니다.	여러분이 함께해 주셔서, 오늘 우리는 더 특별해졌습니다.
새로 오신 분들	우리 공동체의 새로운 이름들

환영사는 예의 바른 인사가 아니라, 낯선 사람과 공동체를 잇는 '첫 연결선'이다. "우리는 당신을 환영합니다" 이 한 문장이 새로운 소속감과 충성심, 감동의 시작이 될 수 있다.

송별사

이별의 순간, 말이 남긴 것들

어느 기업 영업 부장의 정년퇴임식에서 한 젊은 직원이 이렇게 말했다.

"부장님은 말씀이 많지 않으셨지만, 늘 뒤에서 저희를 지켜보셨습니다. 혼자 야근을 정리하시던 모습, 조용히 제 책상에 올려두신 간식 하나…… 그 조용한 배려를 저는 잊지 못할 겁니다."

그 한마디가 눈물과 웃음이 섞인 작별을 '감동의 시간'으로 바꾸었다. 송별사는 '안녕히 가십시오'가 아니라, '당신이 여기 남기고 간 시간과 마음을 기억합니다'라고 말하는 것이다.

이별은 누구에게나 어색하다. 그러나 그 순간의 한마디가 이별을 상처가 아닌 '완성'으로 바꾼다.

좋은 송별사의 3가지 조건

추억과 공감

"함께한 날들 덕분에 우리가 웃을 수 있었습니다."

고마움과 존경

"무엇보다 '사람을 아끼는 법'을 가르쳐주셨습니다."

앞날에 대한 응원

"이제는 당신의 시간입니다. 더 행복해지시길 바랍니다."

송별사는 기억, 감사, 격려가 한데 담겨 있어야 한다. 다음은 퇴임 교수를 위한 학생 대표의 송별사 중에서 발췌한 내용이다.

"교수님, 우리는 아직도 첫 강의를 기억합니다. 칠판에 쓰신 첫 문장, 그리고 '생각하라'는 한마디가 우리의 인생을 바꿨습니다."

송별사의 3단 구조

도입 : 작별의 상황과 인사

"오늘 ○○님을 이 자리에서 떠나보내게 되어 참 아쉽습니다."

본론 : 함께한 시간의 회고

"웃고, 부대끼고, 때로는 울기도 했던 기억들이 생생합니다."

"○○님은 늘 묵묵히 옆을 지켜주셨습니다."

결론 : 감사와 축복

"그동안 정말 고맙습니다."

"이제는 당신을 위한 길을 걸어가시길 바랍니다."

"우리는 언제나 여기서 응원하겠습니다."

작별의 언어, 말의 결 다듬기

전형적 표현	감정이 닿는 표현
안녕히 가십시오.	당신의 다음 걸음이 늘 평안하시길 바랍니다.
수고 많으셨습니다.	함께한 시간이 제겐 큰 선물이었습니다.
떠나신다니 아쉽습니다.	당신과 함께한 시간이 오래 기억될 것 같습니다.
다시 뵙겠습니다.	우리는 또 다른 모습으로 다시 만날 거라고 믿습니다.

이러한 송별사를 작성할 때의 핵심은 구체적인 기억 하나를 묘사하고, 그 장면 하나를 이야기하는 것이다. 이별은 익숙해지기 어렵다. 그러나 그 이별을 말로 품으면, 말은 기억으로 남고, 관계는 계속된다. "그동안 고마웠습니다", "당신은 오래도록 기억될 것입니다", "이제는 당신의 삶을 더 많이 응원하겠습니다", 이 몇 마디가 눈물 섞인 작별을 웃으며 건너는 다리로 바꿔준다.

귀국 환영사, 해외 파견 송별사

낯선 땅으로 향하는 용기와 돌아오는 걸음을 기리는 말

해외 파견과 귀국 환영은 하나의 이야기가 이어지는 두 장(章)이다. 떠나는 자리는 미지의 세계를 향한 '도전의 언어'이며, 돌아오는 자리는 귀환을 '환영하는 언어'로 구성된다.

두 유형의 스피치는 외적으로는 '공식 절차'처럼 보이지만, 그 안에는 공동체의 기대, 책임, 격려가 담겨 있다. 특히 해외 파견 송별사는 조직이 한 구성원에게 맡기는 '국가적 조직적 사명'의 선언이며, 귀국 환영사는 그 사명을 성실히 수행한 귀환자에게 집단적 감사를 표하는 품격 있는 의식이다.

해외 파견 송별사의 본질

해외 파견 송별사는 단순한 이별이 아니라, '당신에게 새로운 장을 맡긴다'는 선언적 의미를 지닌다. 이는 새로운 길을 떠나는 사람에게 건네는 책임의 언어다. 해외 파견은 개인의 성장뿐 아니라 조직의 대외적 신뢰와 연결되는 만큼 송별사는 다음 3가지를 중심으로 설계해야 한다.

사명 부여 : 떠나는 이에게 맡기는 공동체의 기대

파견은 '간다'가 아니라 '보낸다'이다. 따라서 송별사에는 공동체의 기대, 그에 따른 책임, 그리고 수행해야 할 역할이 명확히 언급되어야 한다.

예) "당신의 한 걸음이 우리 조직의 미래를 넓힐 것입니다."

　　"새로운 현장은 도전이자 기회이며, 우리는 당신을 믿습니다."

격려 : 두려움보다 가능성을 보여주는 언어

새로운 환경은 누구에게나 두려움을 준다. 따라서 송별사는 그 두려움을 덜어주는 '심리적 안전망'이 되어야 한다.

예) "어려움이 오더라도, 그 자리를 견딜 힘은 이미 당신 안에 있습니다."

　　"당신의 성실함과 전문성이 그곳에서 빛날 것입니다."

연대 : '당신은 혼자가 아니다'라는 메시지

떠나는 이가 새로운 땅에서 느낄 외로움과 낯선 기분을 고려할 때 송별사는 반드시 공동체의 연대를 강조해야 한다.

예) "이곳의 모든 동료가 언제나 당신을 응원하고 있습니다."

귀국 환영사의 본질

귀국 환영사는 성과 보고가 아닌 '여정을 견뎌낸 사람에 대한 존중'이 중심이 되어야 한다. 해외에서의 시간은 낯선 언어, 환경, 문화가 얽힌 고된 성장의 시간이다. 따라서 환영사는 공적 성과뿐 아니라 그가 감내한 내적 노력과 인내를 함께 인정해야 한다.

감사 : 사명을 완수하고 돌아온 이에게 바치는 예우

"그곳에서의 시간은 쉽지 않았을 것입니다. 그럼에도 맡은 바 역할을 훌륭히 수행해 주셨습니다."

성과 의미 부여 : 단순한 '업무 결과'가 아닌 '조직의 자산'

"해외에서 쌓은 경험과 통찰은 우리 조직의 귀중한 자산입니다."

귀환 축하 : 다시 공동체의 품으로 돌아온 기쁨

"오랜 여정을 마치고 돌아온 당신을 진심으로 환영합니다."

송별사와 환영사의 공통 구성

두 스피치는 다음과 같은 골격으로 구성하면 안정적이다.

도입 : 떠남 또는 귀환의 의미를 짚는 말

송별 : "오늘 우리는 ○○님의 새로운 도전을 응원하며 이 자리에 모였습니다."

환영 : "○○님의 귀환을 마음 깊이 환영합니다."

본론 : 역할, 기여, 의미를 정리하는 구간

송별 : 기대, 사명, 격려

환영 : 감사, 성과, 의미

결론 : 축복과 응원의 마무리 문장

송별 : "어느 자리에서든 당신의 걸음이 빛나길 기원합니다."

환영 : "당신의 복귀가 새로운 도약의 시작이 되길 바랍니다."

해외 파견 송별사 완성형 예시문

"새로운 길을 떠난다는 것은 언제나 설렘과 두려움이 함께합니다. 그러나 우리는 ○○님이 그 두 감정을 모두 넘어설 준비가 되어 있다는 사실을 잘 알고 있습니다.

○○님은 그동안 보여주신 책임감과 성실함으로, 우리 모두에게 깊은 신뢰를 주었습니다. 이번 해외 파견은 개인에게는 새로운 성장의 기회이며, 우리 조직에는 미래를 여는 중요한 발걸음이 될 것입니다.

낯선 환경 속에서도 ○○님만의 전문성과 따뜻한 인품이 큰 힘이 되리라 믿습니다. 어려움이 오더라도, 그 자리에서 견딜 힘과 지혜는 이미 당신 안에 있습니다. 당신의 도전을 마음 깊이 응원합니다.

우리는 언제나 이 자리에서, 당신의 무사와 성취를 기원하겠습니다."

귀국 환영사 완성형 예시문

"먼 타지에서의 한 걸음 한 걸음이 결코 가볍지 않았으리라 생각합니다. 그 낯선 환경 속에서 맡은 바 역할을 다하고, 오늘 이렇게 돌아오신 ○○님께 따뜻한 박수를 보냅니다.

그곳에서의 경험과 인내는 우리 조직의 든든한 자산이 될 것입니다. 또한 ○○님이 쌓아온 지혜와 통찰은 앞으로 많은 이들에게 귀중한 길잡이가 될 것입니다.

오늘의 귀환은 끝이 아니라 또 다른 시작입니다. 다시 함께 걸을

수 있어 기쁘며, 앞으로의 모든 걸음에도 늘 평안과 성취가 함께하
길 바랍니다. 진심으로 환영합니다."

해외 파견 송별사는 미래를 향해 떠나보내는 말, 귀국 환영사는
완주한 이에게 바치는 말이다. 두 스피치 모두 결국 하나의 마음을
담고 있다. 떠남에는 용기를, 귀환에는 예우를, 그리고 응원이다.

정년퇴임사

떠남이 아니라 '완성'으로 마무리하는 언어

정년퇴임사는 직장인의 생애에서 가장 의식적인 순간이자, 평생의 시간을 정리하는 '인생 서사의 결론부'이다. 이 연설이 품격을 잃으면 평생의 공적이 가벼워질 수 있고, 반대로 바르게 정제된 말 한 편은 그 사람의 인격과 경력을 더욱 빛나게 한다.

퇴임사는 "나는 이렇게 살아왔고, 이제 다음 세대에 자리를 내어 놓는다"는 통찰과 겸손, 그리고 감사의 언어다.

정년퇴임사의 본질

퇴임사에서 가장 중요한 것은 '어떻게 떠나는가?'이다. 떠나는 모습이 곧 그 사람의 생애를 비추는 마지막 거울이 되기 때문이다. 정년퇴임사는 다음의 3가지 의미를 지닌다.

감사 : 함께 걸어온 시간에 대한 예의

누군가의 성취를 자축하는 자리가 아니라 함께 일한 동료들에게 건네는 감사의 말이다. 조직이 나를 지켜준 시간, 동료들이 나를 도와

준 날들, 후배들이 보여준 성실함에 고개 숙여 인사하는 순간이다.

회고 : 지나온 삶을 정직하게 정리하는 일

지나온 여정을 성찰하는 자리이므로 자신이 걸어온 길을 과장하거나
미화할 필요 없다. 진솔한 회고가 오히려 청중의 마음을 움직인다.

예) "돌이켜보면 부족한 점도 많았습니다. 그러나 그 부족함이 저를 더 단단하게 만
들었습니다."

이양 : 새로운 시대를 다음 세대에게 넘기는 마음

퇴임은 끝이 아니라 '세대 교체의 예식'이다. 후배들이 편안히 자리
를 이어받을 수 있도록 격려의 메시지를 남기는 것이 중요하다.

예) "이제 여러분이 만들어갈 미래가 더욱 기대됩니다."

정년퇴임사의 3단 구조

정년퇴임사는 다음과 같은 흐름으로 구성하면 완성도를 높일 수 있다.

도입 : 오늘의 의미를 차분히 여는 말

과하지 않게, 그러나 정중하게 여는 것이 원칙이다.

"이 자리에 서니 여러 감정이 교차합니다."

"오랜 세월 함께한 여러분 앞에서 마지막 인사를 드립니다."

본론 : 회고, 감사, 이양을 담는 핵심 구간

회고는 짧고 명료하게, 그러나 상징적인 한두 장면을 선택해 소개하

면 좋다. 입사 첫날의 기억과 함께 겪은 위기와 극복 그리고 조직의 변화와 성장 등을 포함하고 과거의 나열이 아니라 '시간을 관통하는 통찰'이 중심이 되어야 한다.

정년퇴임사는 사람에 대한 인사이므로, 감사 대상은 '특정 개인'보다 '함께한 모든 구성원'이 적절하다. 단, 자신을 성장시킨 멘토, 조직, 후배 등에 대해 짧게 한두 줄씩 언급하면 품격이 더욱 살아난다.

"수많은 순간에 저를 붙들어주신 동료 여러분, 진심으로 고맙습니다."

다음 세대에 바통을 넘기는 순간이므로 희망과 신뢰를 중심으로 구성해야 한다.

"여러분은 이미 충분한 능력과 가능성을 지닌 분들입니다."

"저는 이제 한 발 물러서지만, 여러분의 걸음은 계속될 것입니다."

결론 : 담담하되 깊이 있게 마무리하는 말

화려한 수사가 필요 없다. 짧은 한 줄이 품격을 완성한다.

"저는 오늘 한 시대를 마감하지만, 여러분의 내일을 응원합니다."

"함께해 주신 모든 분들께 감사드리며, 여러분 모두의 앞날에 평화를 기원합니다."

정년퇴임사 완성형 예시문

"여러분 앞에 마지막으로 서니, 마음속에 여러 감정이 스칩니다. 입사 첫날의 긴장감, 함께 위기를 넘기던 밤의 기억, 그리고 서로를 격려하며 성장했던 수많은 순간이 떠오릅니다.

돌아보면 부족한 점도 많았습니다. 그러나 그 부족함까지도 모두 제 삶을 단단하게 만들어준 선물이었습니다. 오랜 시간 이 조직이 저를 품어주었고, 동료 여러분은 언제나 따뜻한 마음으로 제 곁을 지켜주었습니다.

이 자리를 빌려 진심을 다해 감사드립니다. 이제 저는 한 발 물러서지만, 조직의 미래는 더욱 밝을 것입니다.

여러분은 충분한 역량과 가능성을 갖춘 분들입니다. 새로운 시대는 분명 여러분의 손에서 더 아름답게 펼쳐질 것입니다. 저는 떠나지만, 마음은 언제나 여러분의 곁에 있을 것입니다. 그동안 감사했습니다. 여러분의 앞날에 건강과 평화를 기원합니다.”

정년퇴임사는 화려하게 떠나는 자리가 아니라 ‘겸손하게 완성하는 자리’다. 퇴임은 끝이 아니라, 완성의 메시지를 담아야 한다. 감사를 말하고, 시간을 정리하고, 다음 세대를 향해 축복을 보내는 것, 그것이 ‘인생의 가을’을 가장 품격 있게 빛내는 길이다.

이임사 · 이전사

자리를 떠나는 말, 자리를 열어주는 말

이임사와 이전사는 정년퇴임사와는 또 다른 성격을 지닌다. 정년퇴임이 '생애의 마무리'라면, 이임과 이전은 '역할의 이동'이다. 직책은 내려놓지만, 경력은 계속되며, 기존의 역할을 마무리하고 새로운 시대를 여는 '상징적 전환의 언어'가 필요하다.

이임사에서 가장 중요한 것은 첫째, 권한을 정중히 내려놓는 겸허함, 둘째, 후임자와 조직을 진심으로 축복하는 마음이다. 자리를 떠나는 자가 남기는 한마디는 그동안의 리더십을 요약하는 마지막 장면이 되므로 품격과 절제가 절대적인 조건이다.

이임사 · 이전사의 본질 - '떠남'이 아니라 '인계'

이임과 이전은 단순히 물러나는 절차가 아니다. 그동안 맡았던 책임을 후임자에게 온전히 넘기는 과정이다. 좋은 이임사는 다음 3가지 의미를 충족한다.

책임의 정리 : 권한의 끝은 책임의 완성이다

이임사는 '내가 맡았던 시간'에 대한 도의적 정산이다. 성과는 과장 없이, 부족함은 변명 없이 말해야 한다. 리더의 정직함은 퇴장하는 순간에 드러난다.

예) "저는 이 자리에서 많은 것을 배웠습니다."

　"돌아보면 부족함도 있었으나, 늘 최선을 다하고자 했습니다."

공헌 인정 : 함께 만든 시간을 예의로 남기는 일

한 사람의 능력만으로 조직이 움직일 수는 없다. 따라서 이임사에는 '동료, 조직, 협력자'에 대한 정중한 감사가 반드시 포함되어야 한다. 감사는 이임사의 핵심이자, 리더십의 품위다.

예) "저의 부족함을 채워주신 모든 구성원께 깊이 감사드립니다."

　"함께한 여러분 덕분에 이 자리가 빛났습니다."

미래의 지지 : 후임자와 조직의 내일을 여는 말

이임사의 마지막 목적은 '새로운 시대를 향한 재배치'다. 후임자가 편안하게 출발할 수 있도록 길을 열어주고, 조직 구성원에게는 안정과 희망을 안겨주어야 한다. 이임사는 떠나는 사람이 아니라 남아 있는 사람들을 위한 언어다.

예) "후임자에게 아낌없는 지지를 부탁드립니다."

　"조직의 미래는 여러분의 손에서 더욱 밝게 펼쳐질 것입니다."

이임사 · 이전사 3단 구조 - 차분하되 명료하게

이임사는 다음 3단 구조로 설계하면 품격이 살아난다.

도입 : 이 순간의 의미를 담담히 여는 말

도입은 지나친 감정 표현보다 차분하고 정제된 어조가 적절하다.

"이렇게 마지막 인사를 드리니 감회가 새롭습니다."

"오늘 저는 ○○직을 내려놓으며 이 자리에 섰습니다."

본론 : 회고, 감사, 인계의 3가지 축

회고는 맡은 기간 동안의 방향과 의미 있는 변화나 성과 그리고 조직이 함께 만든 성장의 과정이 담겨 있다. 이때 '성과 나열'은 피하고 '의미, 경험, 배움' 중심으로 이야기해야 한다.

리더의 떠남에서 가장 중요한 것은 함께한 이들에게 정중한 예를 표하는 일이다. 감사를 표할 때 '구체적인 장면'을 한두 개 언급하면 더욱 따뜻하다.

"항상 저를 믿고 도와주신 동료 여러분, 진심으로 고맙습니다."

"함께 걸었던 시간들이 제게는 무엇보다 큰 자산이었습니다."

결론 : 미래, 신뢰, 기대

이임사의 정점은 미래에 있다. 떠나는 사람의 말은 크게 들리므로 후임자에 대한 신뢰를 분명히 표현해야 한다.

"후임 ○○○님은 조직을 더 큰 방향으로 이끌 분입니다."

"새로운 시대의 첫걸음에 여러분의 힘을 모아주시기를 바랍니다."

결론은 짧고 간결해야 한다. 이 한 줄이 그 사람의 '마지막 이미지'를 결정한다.

이임사 · 이전사 완성형 예시문

"존경하는 여러분, 오늘 저는 ㅇㅇ직을 내려놓으며 마지막 인사를 드립니다. 이 자리에 서니, 지난 시간들이 하나의 긴 흐름처럼 떠오릅니다. 돌아보면 부족한 점도 적지 않았습니다. 그러나 저는 어느 한순간도 가볍게 여기지 않고, 이 조직이 저에게 맡긴 책임을 다하기 위해 노력해 왔습니다.

무엇보다 동료 여러분의 지지와 협력이 제게 큰 힘이 되었습니다. 여러분의 헌신이 있었기에 제가 맡은 역할도 온전히 빛날 수 있었습니다.

진심으로 감사드립니다.

이제 저는 자리를 내려놓지만, 이 조직의 미래는 더욱 단단하게 성장할 것입니다. 후임자 ㅇㅇㅇ님은 충분한 역량과 비전을 갖춘 분입니다. 여러분의 아낌없는 지지를 부탁드립니다.

그동안 함께해 주신 모든 분들께 다시 한 번 감사드리며, 여러분 모두의 앞날에 건강과 평화가 함께하기를 기원합니다."

이임사는 단순한 퇴장이 아니라 다음 세대를 위한 '말의 다리 놓기'다. 말 한 편이 조직의 분위기를 안정시키고 후임자의 권위를 세우며 떠나는 이의 리더십을 아름답게 완성한다. 따라서 좋은 이임사는 다음 한 줄로 요약된다.

"이 자리에서 배운 모든 시간은 제 인생의 큰 선물입니다."

"저는 물러나지만, 여러분의 내일을 계속 응원하겠습니다."

떠날 때 남긴 말이, 그 사람의 마지막 리더십이다.

위촉사

이름을 부르는 순간, 책임이 시작된다

"○○위원장으로 위촉합니다."

짧은 한 문장이 끝나는 순간, 박수는 터지지만, 당사자의 얼굴에는 영광과 함께 무거운 책임의 그림자가 어른거린다. 이것이 위촉사가 갖는 진짜 의미다. 위촉사는 단지 직책을 읽어주는 절차가 아니라, '사명과 책무를 언어로 부여하는 의식'이다. 그래서 화려한 수사는 적더라도, 단어 하나하나에 신뢰, 기대, 공식적 위임의 무게가 담겨야 한다.

위촉사의 본질 - '역할의 언어'를 건네는 의식

오늘날 누군가를 한 자리에 '세운다'는 일은 단순 인사 행정이 아니라, 공동체가 신뢰를 담아 선택하는 것이다. 따라서 위촉사는 다음 3가지 기능을 가진다.

- **책임을 설명하는 말** '이 직책이 무엇을 요구하는지'를 밝힌다.
- **신뢰를 부여하는 말** '왜 이 사람인가'를 설득한다.
- **기대를 공식화하는 말** '이 자리에서 어떤 변화를 바라보는가'를 공

유한다.

핵심은 '이름을 부르는 그 순간', '왜 이 사람이 선택되었는지'를 또렷이 드러내는 것이다.

다음은 임명장을 건네는 말의 품격을 느낄 수 있는 대통령의 장관 위촉사(요약)이다.

"○○장관께서는 탁월한 전문성과 도덕성을 두루 갖춘 분으로, 국민과의 소통을 바탕으로 부처를 혁신할 적임자라 판단하였습니다. 국민 모두가 지켜보고 있다는 사실을 잊지 말고, 초심으로 일해 주시기를 바랍니다."

여기에는 인물 평가, 위임의 정당성, 책임과 도덕성에 대한 분명한 요구가 함께 담겨 있다. 좋은 위촉사는 사람을 임명함과 동시에, '말로 길을 제시하는 연설'이다.

위촉사의 구성 - 부여, 선언, 당부

도입 : 위촉의 배경과 축하

"오늘 우리는 ○○○님을 ○○ 직책에 위촉하게 되었습니다."

"이는 개인의 영광인 동시에 조직의 큰 기대입니다."

본론 : 인물 평가와 위임의 정당성

"그동안 ○○ 분야에서 보여주신 전문성과 리더십은 널리 인정받아 왔습니다."

"이번 위촉은 그 신뢰 위에 내린 결정입니다."

결론 : 당부와 응원, 공동의 책무 강조

"이제 ○○○님은 ○○를 대표해 일을 맡게 됩니다."

"무거운 책임일수록 더 많은 협력과 신뢰가 필요합니다. 함께 이 자리를 빛내주십시오."

한 사람을 세우는 말은, 곧 많은 이들이 함께 지켜보는 말임을 잊어서는 안 된다.

'사명 부여형 언어'의 원칙

전형적 표현	신뢰·책임을 담은 표현
맡기게 되었습니다.	이 직책을 여러분께 '신뢰와 함께' 드립니다.
기대합니다.	그 기대에 '반드시 응답해 주시리라' 믿습니다.
성과를 내주십시오.	우리 공동체의 '변화를 이끌어' 주십시오.
열심히 해주시기 바랍니다.	'권한과 책임을 함께 품어주시기' 바랍니다.

TIP

- '역할을 맡긴다'보다 '책임을 함께 짊어진다'는 표현이 신뢰를 높인다.
- 위촉 대상자의 강점과 업적을 한 줄이라도 구체적으로 언급하면 설득력이 커진다.
- '우리는 지켜볼 것입니다'라는 메시지는 위협이 아니라 신뢰와 연대의 어조로 전달해야 한다.

위촉은 한 사람에게만 주어지는 영광이 아니라, 그를 통해 '모두의 이름으로 일하겠다는 약속'이다. 위촉사는 말로 시작하는 동행의 표현이다.

"이제, 당신의 말과 행동이 이 자리를 빛낼 것입니다. 우리 모두는 당신과 함께 걸을 것입니다."

이 한 문장이 한 사람의 첫걸음이자, 모든 이들의 시선을 모으는 출발점이 된다.

추모사·추도사

그리움과 경의를 담은 마지막 인사

어느 장례식장 분향소에 조용한 음악이 흐르고 조문객들이 고인의 영정사진 앞에 꽃을 올리고 눈물을 훔치며 고개를 숙인다. 그 침묵 사이에서 누군가는 마이크 앞에 서서 말한다.

"그는 떠났지만, 그가 남긴 마음은 아직도 우리 곁에 있습니다."

추모사와 추도사는 말의 기술이 아니라 '마음의 기술'이다. 말로 이별하고, 말로 기억하며, 말로 위로하는 시간이다.

좋은 추도사는 과장된 찬양도, 눈물만 가득한 탄식도 아니다. 그 사람의 삶이 '헛되지 않았음을 증언'하고, 남겨진 이들이 슬픔을 견딜 수 있도록 돕는 말이다.

추모사·추도사의 핵심 요소

고인과의 기억과 에피소드

"그는 늘 웃는 얼굴로 사람을 맞이했습니다."

인간으로서의 면모에 대한 증언

"그는 성실했고, 겸손했으며, 무엇보다 따뜻한 사람이었습니다."

남은 이들을 위한 위로와 다짐

"그의 빈자리는 크지만, 그가 남긴 가르침은 더 큽니다."

다음은 법정 스님의 추도사 중 일부다.

"산은 산이요, 물은 물이라 하셨지만, 당신은 산 같았고 물 같았습니다. 늘 낮게 흘러가되, 결코 흐트러지지 않았습니다. 우리는 당신을 떠나보내지만, 당신의 삶의 언어는 여전히 이 도량을 맴돌고 있습니다."

고인의 인격과 관계의 흔적이 담길 때, 추도사는 비로소 '위로의 말'이 된다.

추도사의 구성

도입 : 떠나보내는 마음

"아직도 믿기지 않습니다."

"오늘 이 자리에 계셨어야 할 분이, 오늘은 침묵으로 함께 계십니다."

본론 : 삶과 성품에 대한 회고

"그는 말보다 실천으로 가르쳤습니다."

"그의 삶은 조용했지만 그 자취는 누구보다 선명했습니다."

결론 : 감사, 작별, 남은 이들을 향한 말

"우리는 그분이 남긴 마음으로 살아갈 것입니다."

"부디 편히 쉬십시오. 사랑하고, 존경합니다."

장엄함 속의 진심

전형적 표현	따뜻하고 인간적인 표현
고인의 명복을 빕니다.	평안히 쉬십시오. 그곳에서는 부디 웃고 계시길 바랍니다.
슬픔을 금할 길 없습니다.	가슴이 먹먹합니다. 너무 그립습니다.
애도합니다.	기억하겠습니다. 오래오래, 함께 기억하겠습니다.
공적을 기립니다.	그분의 삶이 우리에게 남긴 것이 참 많습니다.

TIP

- 의례적 표현보다 '구체적인 기억 한 장면'이 더 큰 울림을 준다.
- '어떤 영향을 주었는지'를 중심으로 말한다.
- 슬픔을 강요하기보다, 공감과 조용한 위로를 중심에 둔다.
- 종교적 색채는 청중에 따라 조절한다.

추모사는 죽음을 덮으려는 말이 아니라, 삶을 다시 꺼내 기억하려는 말이다.

"그대는 떠났지만, 그대와 함께한 말과 기억은 오늘도 우리를 살아 있게 합니다."

이 한 줄이 모든 추모사의 이유이며, 죽음을 넘어서는 말의 역할이다.

위로의 스피치

말은 상처를 없앨 수 없지만, 곁에 머물 수는 있다

사고, 질병, 재난, 상실…… 큰 슬픔 앞에서 우리는 망설인다. '무슨 말을 해야 하지?', '차라리 아무 말도 하지 않는 게 낫지 않을까?' 그러나 이럴 때일수록 상처를 없애지는 못하더라도 위로하는 언어는 필요하다. 위로는 요란한 격려도, 교훈 섞인 훈계도 아니다. 그저 함께 울고, 조용히 손을 잡아주는 말의 형식이다.

위로는 문제 해결의 언어가 아니다. 대부분의 고통은 당장 해결될 수 없기 때문이다. 진정한 위로는, 상대의 감정에 이름을 붙여주는 말이며 그 감정을 부정하지 않고 있는 그대로 인정하고 '곁에 있겠다'는 동행의 약속이다. 정답보다 중요한 것은 '나는 네 곁에 있다'는 메시지다.

다음은 세월호 참사 1주기, 위로의 편지 중 일부다.

"그날 이후, 우리는 예전과 같은 사람들이 아니게 되었습니다. 우리의 시간도, 말도, 눈빛도 달라졌습니다. 하지만 오늘, 우리가 할 수 있는 단 하나는 그 슬픔을 무겁게 받아들이는 일일 것입니다. 그것이 당신의 슬픔을 가볍게 하지는 못하겠지만, 당신이 혼자가 아니라는 것을 말해 주는 방법이 될지 모릅니다."

이 편지에는 해답도, 가벼운 희망도 없다. 다만 함께 느끼고, 함께 견디겠다는 태도만이 있을 뿐이다.

위로의 스피치 구성 - 함께 있어주는 말

위로의 말은 정확한 답변보다 '함께 있겠다'는 마음의 자세가 먼저다.

도입 : 솔직한 공감의 인사

"무슨 말을 해야 할지 잘 모르겠습니다."

"어떤 말도 충분하지 않겠지만, 그래도 전하고 싶습니다."

본론 : 슬픔을 받아들이고 함께하기

"당신의 아픔을 다 알 수는 없지만, 함께 느끼고 있습니다."

"설명할 수 없는 상실이지만, 우리는 함께 기억하겠습니다."

결론 : 다짐과 연대의 메시지

"당신은 혼자가 아닙니다."

"이 길을, 우리가 함께 걸어가겠습니다."

슬픔을 감싸는 언어

말이 무기가 될 때	말이 치유가 될 때
이제 그만 힘내야지.	오늘은, 마음껏 울어도 괜찮아요.
그래도 다 지나갈 거야.	지금은 아무것도 지나가지 않은 시간 같지요.
그래도 살아야지.	그저 이렇게 버텨주셔서 감사합니다.
잊어야 해요.	기억하며 살아가는 길도 있을 거예요.

‘해야 한다’, ‘잊어야 한다’는 명령보다 ‘듣겠다’, ‘기다리겠다’, ‘함께 있겠다’는 말이 위로가 된다. 위로는 완벽한 문장에서 나오지 않는다. 서툴지만 진심이 담긴 말, 부족하지만 곁에 있으려는 말이 사람을 살린다. 위로의 말은 함께 무너지는 용기에서 시작된다.

“나는 슬픔을 덜어줄 수는 없지만, 슬픔 속에서 당신이 혼자가 아님을 말해 줄 수는 있습니다.”

이 한 문장이 어떤 논리나 조언보다 더 큰 힘을 발휘한다. 그 순간, 말은 비로소 ‘치유의 언어’가 된다.

장례식 인사말

마지막을 기리는 말의 형식

장례식장에서는 말 한마디가 조심스럽다. 그럼에도 말은 여전히 필요하다. 고인을 마지막으로 기리는 말, 감사와 존경, 유족과 조문객 모두에게 위로를 건네야 한다. 장례식 인사말은 짧지만, 그 안에 관계, 추억, 삶의 무게가 함께 담긴다. 단정하고 절제된 언어 속에 삶을 마무리하는 '말의 예의'가 숨 쉬고 있다.

장례식 인사말의 3가지 축

고인에 대한 마지막 예우

"그분은 평생 검소하고 바르게 사셨습니다."

유족에게 전하는 위로

"가족분들의 슬픔을 함께 나누겠습니다."

조문객에 대한 감사 인사

"바쁘신 중에도 함께해 주셔서 감사합니다."

3가지 축이 균형을 이룰 때 인사말이 품위 있게 들린다.

유족 대표 인사말(자녀)

"바쁘신 가운데 아버지의 마지막 길에 함께해 주신 모든 분께 진심으로 감사드립니다. 아버지는 조용한 삶을 살다 가신 분이지만, 오늘 이 자리를 보니 얼마나 많은 분들이 기억하고 계신지 알겠습니다. 우리 가족은 아버지의 뜻을 기억하며 정직하게 살아가겠습니다. 다시 한 번 깊이 감사드립니다."

고인에 대한 짧은 회고, 조문객에 대한 감사, 남은 가족의 다짐까지 담긴 모범적인 인사말이다.

조문객 대표 인사말(지인)

"ㅇㅇㅇ님은 제게 늘 선배이자 친구 같은 존재였습니다. 일터에서는 엄격했지만, 식사 자리에서는 누구보다 유쾌한 분이셨습니다. 자리를 탐하지 않았고, 배려가 깊은 분이었습니다. 이 자리에 계신 모든 분들과 함께, 그분의 삶을 오래 기억하고자 합니다."

구체적인 기억이 어떤 수식어보다 더 큰 힘을 가진다.

인사말 구성의 형식 - 정중하면서도 따뜻하게

인사와 감사

"바쁘신 가운데 조문해 주셔서 감사합니다."
"이 자리에 함께해 주신 모든 분께 머리 숙여 감사드립니다."

고인에 대한 회고

"○○○님은 언제나 원칙과 정직을 잃지 않으셨습니다."

"늘 낮은 자세로 타인을 먼저 배려하던 분이셨습니다."

유족·조문객을 향한 마무리 인사

"남겨진 우리 가족도 그 뜻을 이어가겠습니다."

"함께해 주신 모든 분들께 다시 한 번 감사드립니다."

TIP

- 과도한 감정 표현보다는 차분한 진정성을 담는다.
- 개인적 '기억'보다 자리의 성격상 '감사, 다짐'에 더 비중을 둔다.
- 공적인 자리일수록 조문객 전체를 향한 말을 의식한다.

장례식 인사말 어휘

경직된 표현	따뜻한 표현
고인의 명복을 빕니다.	편히 쉬시기를 바랍니다.
유족들께 애도를 표합니다.	유가족 여러분께 깊은 위로를 전합니다.
삼가 고인의 명복을 빕니다.	그분의 삶을 오래도록 기억하겠습니다.
금세를 떠나셨습니다.	삶의 긴 여정을 마치고 평안히 가셨습니다.

장례식 인사말은 살아온 삶을 조용히 찬송하는 의식이다. 그래서 '이별'이 아니라 '감사의 형식'으로 작성되어야 한다.

짧고 단정한 한마디가 가장 긴 여운이 될 수 있다.

사과문

말이 잘못을 감출 수는 없지만, 다시 시작하게 할 수는 있다

공식 사과문은 단순한 '죄송합니다'가 아니다. 한 번 무너진 신뢰의 첫 단추를 다시 끼우는 말의 절차다. 문제는 많은 사과가 형식에 그치거나, 책임을 흐리거나, 오히려 분노를 키운다는 점이다. 사과는 선전문도, 법률문도 아니다. 상처 입은 사람의 마음에 닿기 위한 '인간적 언어'여야 한다. 사과는 '결과 설명'이 아니라 '태도 증명'이다.

좋은 사과문의 4가지 조건

책임 인정 '잘못했습니다'라는 변명 없는 한 줄

진정성 목소리, 표정, 단어에 드러나는 태도

피해자 중심 '나도 힘들다'보다 '당신이 겪은 고통'에 초점

행동의 약속 '다시는 반복하지 않겠다'는 구체적인 대책

사과문의 구성 - 설득이 아닌 책임의 서술

도입 : 사건 개요와 사과의 입장

"먼저 이번 일로 심려를 끼쳐드린 점, 진심으로 사과드립니다."

본론 : 잘못 인정, 피해자 사과

"저의 판단 부족으로 많은 분께 실망과 피해를 드렸습니다."

"특히 피해자 여러분께 머리 숙여 사죄드립니다."

결론 : 재발 방지와 실천 약속

"이런 일이 반복되지 않도록 전면적인 재점검을 하겠습니다."

"이번 일을 계기로 처음부터 다시 살피겠습니다."

주의할 점

'유감입니다'는 감정 표현일 뿐이며 책임 회피로 들릴 수 있다.

'그럴 의도는 없었다'는 말은 진정성을 약화시킨다.

실패한 사과 vs 진정한 사과

실패한 사과	진정한 사과
심려 끼쳐드려 죄송합니다.	제 불찰로 많은 분들이 상처받으셨습니다.
오해의 소지가 있었습니다.	제 행동은 명백히 잘못되었습니다.
그럴 의도는 없었습니다.	의도와 관계없이 책임은 제게 있습니다.
다시는 이런 일이 없도록 하겠습니다.	다음과 같은 조치를 즉시 취하겠습니다.

'오해, 유감, 의도'라는 단어는 '책임을 흐리는 신호'가 되기 쉬우므로 주의한다. 우리가 진짜 감동받은 사과는 언제나 '개인의 말'에서 나온다. 사과문은 인간성을 회복하는 언어다.

"내가 틀렸어."

"그 말이 상처였겠구나."

"미안해. 내가 너무 몰랐어."

이런 문장이 관계를 회복하고, 신뢰를 다시 잇는 통로가 될 수 있다. 공식 사과문도 결국 인간적인 말에서 출발해야 한다.

"이번 일로 피해를 입은 모든 분들께 진심으로 사과드립니다. 저의 부족한 대응과 책임감 없는 판단으로 큰 실망을 드렸습니다. 모든 책임은 저에게 있으며, 전면적인 조치를 취할 것을 약속드립니다."

공식 사과문의 한 줄은 단지 '면피용 문장'이 아니라 '윤리와 품격의 거울'이다. "나는 책임을 회피하지 않겠다. 이 잘못을 기억하겠다. 더 나은 사람이 되겠다." 이 3가지를 담는다면, 사과는 잘못을 지우지는 못해도, '다시 시작할 수 있는 말'이 된다.

선언문 · 결의문

말은 입장이 되고, 입장은 역사가 된다

개인은 약속으로 말하지만, 공동체는 선언과 결의로 '자신의 신념과 방향'을 공적으로 확신시킨다. '우리는 이렇게 믿는다'는 의미의 선언문, '우리는 이렇게 행동하겠다'는 의미의 결의문은 단순한 문서가 아니라, 공동체의 철학, 정체성, 시대의 방향을 드러내는 말이다. 선언문은 철학, 결의문은 행동의 약속이다.

항목	선언문	결의문
목적	신념, 가치, 입장 표명	행동·계획·실천 다짐
어투	"우리는 믿는다/선언한다"	"우리는 결의한다/실천하겠다"
시기	이념·방향 선포, 새로운 출발	회의·조직의 구체적 행동 결의
대표 예시	인권·환경·독립 선언, 가치 선언문	학생회·노조·정당·조직 행동 결의문

선언문 구성 원칙 - 구조는 간결하게, 의미는 강하게

도입 : 목적과 배경 제시

"우리는 지금 중대한 갈림길에 서 있다."

"○○한 상황 앞에서 우리의 입장을 분명히 밝힌다."

본론 : 가치와 신념의 명시

"우리는 인류 공동체의 일원으로서 자유와 평화를 지향한다."

"폭력과 차별에 반하는 모든 행위에 반대한다."

결론 : 선언·결의와 행동의 약속

"이에 우리는 다음과 같이 선언한다."

"우리는 이를 실천할 것을 다짐하며 행동을 결의한다."

환경 선언문(청년 단체)

"우리는 지금 생태적 전환의 갈림길에 서 있다. 기후 위기는 이미 우리의 일상에 영향을 미치고 있다. 우리는 다음 세대를 위해 지금 행동해야 한다. 이에 우리는 선언한다. 첫째, 탄소 배출을 줄이기 위한 실천을 약속한다. 둘째, 생명 중심의 교육과 소비문화를 지향한다. 셋째, 지속 가능한 사회를 위한 협력과 연대를 추구한다. 우리의 선언은 시작이며, 이제는 말이 아니라 행동으로 응답할 시간이다."

조직 결의문(직원 행동 결의)

"우리는 ○○기업의 일원으로서, 최근 발생한 윤리 문제에 깊은 책임을 느낀다. 이에 다음과 같이 결의한다. 첫째, 모든 업무에서 정직과 투명성을 최우선 가치로 삼는다. 둘째, 내부 부당 행위에 침묵하지 않는다. 셋째, 사내 윤리강령을 철저히 준수하며 지속적으로 개선한다. 우리는 더 이상 방관하지 않겠다. 신뢰 회복은 말이 아니라 실천에서 비롯되는 것임을 잊지 않겠다."

선언과 결의의 언어

표현 유형	효과적인 문장
가치 선언	우리는 평등한 사회를 지향한다.
행동 결의	우리는 실천하겠다. 우리는 중단 없이 나아가겠다.
반복·운율	우리는 믿는다. 우리는 행동한다. 우리는 바꾼다.
리듬 구조	하나로 서고, 함께 말하고, 끝까지 간다.

'우리는 ~한다'로 시작되는 문장은 집단의 의지와 연대를 상징하는 힘을 가진다. 역사를 바꾼 수많은 문장에는 '선언과 결의의 언어'가 있었다.

"모든 인간은 태어날 때부터 자유롭다."(프랑스 인권선언)

"우리는 독립국임을 선언한다."(3·1독립선언)

"우리는 지구의 수호자다."(환경선언문)

선언은 구호가 아니라 지속 가능한 의지의 공표이고, 결의는 감정이 아니라 책임 있는 약속의 문장이다. 말은 종이에 적히면 기록이 되고, 목소리로 울리면 역사가 된다.

개회사 · 폐회사

시작은 방향을 잡고, 끝은 의미를 정리한다

개회사와 폐회사는 "형식적인 말인데, 대충 해도 되지 않나요?"라는 질문을 많이 듣는다. 그러나 행사의 첫말과 마지막 말은 행사 전체의 인상을 좌우한다. 개회사는 방향을 제시하고, 폐회사는 의미를 정리하며, 모두 그 행사의 공적 품격을 결정한다. 개회사는 나침반, 폐회사는 등불과 같다. 행사의 처음과 끝은 언제나 기억에 남는다.

개회사 - 시작의 방향을 제시하는 말

인사와 환영

"귀한 걸음을 해주신 여러분을 진심으로 환영합니다."

행사의 취지와 의미

"이번 행사는 ○○의 발전을 위한 소중한 자리입니다."

참가자 격려와 기대

"여러분의 열정과 지혜가 새로운 변화를 이끌 것입니다."

행사의 성공 기원

"오늘의 만남이 모두에게 좋은 결실로 이어지기를 바랍니다."

폐회사 - 마무리의 깊이를 더하는 말

감사의 말

"바쁘신 중에도 끝까지 함께해 주신 여러분께 감사드립니다."

행사 요약 및 성과 정리

"오늘 논의된 주제들은 큰 울림과 가능성을 남겼습니다."

앞으로의 다짐과 연대 표명

"이 자리를 시작으로, 더 발전하는 협력의 길을 함께 만들겠습니다."

작별 인사 및 격려

"안전하고 기쁜 발걸음으로 돌아가시길 바랍니다."

개회사와 폐회사 비교

개회사는 '열기', 폐회사는 '맺기'에 집중하는 것이 좋다.

개회사 예시문(문화 포럼 개막)

"존경하는 여러분, 오늘 우리는 ○○문화 포럼의 막을 함께 올립니다. 이 시대의 문화는 단순한 관람이 아니라, 세대를 잇고 가치를 나누는 대화입니다. 이 자리에 모인 여러분의 성찰과 통찰이 시대를 움직이는 언어로 발화되기를 기대합니다. 진심으로 환영합니다. 고맙습니다."

폐회사 예시문(청년 포럼 폐막)

"어느덧 긴 하루가 지나 마무리의 시간이 되었습니다. 오늘 나눈 이야기 속에서 우리는 청년의 현실과 가능성을 동시에 보았습니다. 이 포럼이 끝이 아니라, 더 나은 사회를 향한 한 걸음의 시작이 되기를 바랍니다. 함께해 주신 모든 분들께 깊이 감사드립니다."

개회사와 폐회사 표현의 차이

항목	개회사	폐회사
중심 어휘	시작, 환영, 방향, 기대	감사, 정리, 의미, 작별
감정 톤	의욕, 환대 중심	차분, 회고 중심
리듬	활기 있게 여는 분위기	부드럽고 정리하는 흐름
비유 표현	나침반, 씨앗, 햇살	열매, 등불, 여운

좋은 시작은 방향을 제시하고, 좋은 끝맺음은 의미를 남긴다. 개회사와 폐회사는 '공동체를 움직이는 공식 언어'이며, 행사의 품격을 결정하는 말의 정점이다.

"젊은 생각들이 모여 시대를 바꾸는 오늘, 이 자리에 함께한 여러분은 인문학의 미래입니다."

"우리가 함께한 시간은 짧았지만, 지속 가능한 내일로 가는 한 걸음이었습니다."

말의 시작은 문을 열고, 말의 끝은 문을 닫되 빛을 남긴다.

3장

스피치 작문 기술과 실전 훈련

연설문 작성의 7단계 실전 훈련

"이제는 당신이 말할 차례다"

연설은 말이지만, 그 말의 진심은 '쓰는 손끝'에서 시작된다. "말을 잘하려면 어떻게 해야 하나요?"라는 질문의 답은 단순하다. "먼저, 써야 한다." 그때그때 떠오르는 대로 말하는 것과 생각을 정리해 구조적으로 써 내려가는 것 사이에는 청중이 느끼는 '울림의 깊이'에 큰 차이가 있다. 말하기는 '순간'이지만, 글쓰기는 '구조와 전략'의 시작이다.

연설문 작성의 7단계

① 상황 분석 : 말은 맥락 위에 존재한다

- 이 연설은 어떤 자리에서, 왜 필요한가?
- 주최자, 청중, 시대 분위기, 주요 이슈를 간단히 파악하라.

예) 졸업식 축사 → 학교의 역사, 청년 세대의 현실, 가족의 존재 등.

② 청중 파악 : 누구에게 말하는가?

연설문은 '모든 사람'을 위한 글이 아니다. '지금 이 자리에 앉아 있는 사람'에게 맞춰야 한다. '청중의 연령대는?', '전문가인가, 일반인 대상인가?', '그들에게 어떤 말투와 감정선이 적절한가?' 등 청중을 잘 알아야 설득하고 감동을 줄 수 있다.

③ 주제 설정 : 말의 심장을 정하라

하나의 연설에는 '하나의 핵심 주제'가 있어야 한다.

"이 연설로 꼭 전하고 싶은 한 줄은 무엇인가?"

④ 구조 설계 : 도입-본론-결론의 흐름

도입 관심을 끌고, 귀를 열게 만든다. 짧은 경험담, 질문, 인용

본론 메시지, 사례, 감정을 풀어내는 공간. 핵심 메시지 + 사례 1~2개

결론 정리 + 여운 + 행동 촉구. 앞으로의 당부와 기억에 남는 한 문장

TIP

> 'ㅇㅇ는 ㅇㅇㅇ이다' 형식의 주제문으로 정리해 보라. 이것이 연설의 '심장'이
> 된다.
> "졸업은 끝이 아니라 시작이다."
> "책임은 권한과 함께 온다."
> "말은 인격이다."

⑤ 어휘 선택 : 품격과 진심이 스며든 단어

글쓰기의 생명은 '단어 선택'이다.

- 격식어, 일상어, 비유적 표현을 적절히 조합하라.
- 상황과 청중에 맞는 말의 톤과 온도를 조절하라.

주의할 점

- 추상적·관료적 표현은 감동을 떨어뜨린다.
- 한 문장에 '하나의 감정, 하나의 메시지'를 담는 것이 좋다.
- 짧고 분명한 문장이 가장 잘 들린다.

⑥ 표현 강화 : 리듬, 반복, 인용, 유머

연설문은 '정보 전달문'이 아니라 '소리로 듣는 문학'이다. 이 모든 것이 연설의
'리듬'을 만든다.

- 3단 반복법
- 비유, 은유
- 속도와 강약 조절
- 적절한 인용, 가벼운 유머

"우리는 기억할 것입니다. 우리는 실천할 것입니다. 우리는 다시 만날 것입니다."

"삶은 마라톤이 아니라 계단입니다. 한 칸씩 오르되, 가끔은 뒤돌아보십시오."

⑦ 리허설 & 퇴고 : 눈으로 쓰고, 입으로 다듬다

연설문은 '읽기 위한 글이 아니라, 말하기 위한 글'이다.

- 반드시 소리 내어 읽어보라.
- 호흡이 막히는 문장, 꼬이는 문장은 과감히 고쳐라.
- 실제 연단에 선 것처럼 속도, 억양, 쉬는 지점을 체크하라.

체크리스트

- 도입에서 청중의 귀를 잡아끌 수 있는가?
- 중간에 지루해지거나 흐름이 끊기지 않는가?
- 마지막 문장이 박수와 여운을 부를 수 있는가?

연설문은 영혼의 지도다. 손으로 그리고, 마음으로 설계하고, 목소리로 완성하라. 이 7단계를 익히면 어떤 자리에서든 '두렵지 않게' 말할 수 있다. 연설문은 더 이상 부담스러운 과제가 아니라 '자신을 표현하는 가장 고귀한 언어 예술'이 된다.

주제별 템플릿 10종

틀을 알면 말이 빨라지고, 구조를 잡으면 말이 깊어진다

"상황마다 새로 고민해야 하나요?" 스피치를 가르칠 때 가장 많이 받는 질문이다. 건축에 기둥과 보가 있듯, 스피치에도 뼈대가 있다. 실전에서 즉시 활용할 수 있는 '10가지 기본 템플릿'을 제시한다. 각 템플릿은 '상황 규정 —구성 틀—문장 스타일—예시 문장'의 4단계로 이루어진다.

격려사 : 회복을 여는 말

- **상황** : 실패와 낙담의 순간에 다시 힘을 모으는 말
- **구성** : 감정 인정 → 원인, 배움 → 재도전의 근거와 연대
- **문장** : 단호하되 따뜻하게, 비난 금지

"지금 필요한 것은 비판이 아니라 회복입니다."

수상 소감 : 감사와 겸손

- **상황** : 영예를 받는 자리
- **구성** : 감사 → 의미 성찰 → 다짐
- **문장** : 겸손과 절제, 공의 분배 강조

"이 상은 저 혼자 힘으로 받은 것이 아닙니다."

졸업 축사 : 출발의 문

- **상황** : 과도기에 희망을 여는 말
- **구성** : 감정 환기 → 배움, 조언 → 응원의 결론

- **문장** : 서정적, 희망적

"오늘은 끝이 아니라 시작입니다."

송별사 : 품위 있는 이별

- **상황** : 떠나는 사람을 보내는 자리
- **구성** : 이별 인정 → 공헌, 추억 → 축복과 다짐
- **문장** : 따뜻하되 과장 금지

"당신이 남긴 발자국은 오래도록 우리를 이끌 것입니다."

환영사 : 첫 만남의 문

- **상황** : 새 구성원, 내빈 맞이
- **구성** : 환영 → 의미, 기대 → 협력의 다짐
- **문장** : 밝고 명료하게

"이제 우리는 하나의 여정을 함께 시작합니다."

위촉사 : 책임 부여의 말

- **상황** : 직책·역할 공식 부여
- **구성** : 배경 → 신뢰, 역량 → 사명 선언
- **문장** : 단정, 품격, '위임'보다 '동행'의 뉘앙스

"오늘의 위촉은 신뢰의 선언입니다."

추도사 : 삶을 기억하는 말

- **상황** : 장례·추모
- **구성** : 상실 인정 → 고인의 성품 → 감사, 위로
- **문장** : 정중, 절제, 지나친 미사여구 금지

"그분의 웃음은 우리를 일으켜 세우는 힘이었습니다."

창립 기념사 : 조직의 서사

- **상황** : 기관과 기업 창립 기념
- **구성** : 창립의 의미 → 역사, 전환점 → 비전, 연대
- **문장** : 품격 있고 상징적 비유 활용

"지금의 성장은 어제의 땀 위에 세워졌습니다."

공식 사과문 : 신뢰 회복의 언어

- **상황** : 실수, 문제 발생
- **구성** : 명확한 사과 → 책임 인정 → 개선 계획
- **문장** : 단호, 정직, 투명

"이유를 불문하고 먼저 사과드립니다.

선언문과 결의문 : 의지의 집결

- **상황** : 단체의 입장, 행동 의지 표명
- **구성** : 문제 인식 → 가치, 입장 → 행동 결의
- **문장** : 힘 있는 단문, 반복 리듬

"우리는 행동할 것입니다. 우리는 미래를 바꿀 것입니다."

구조는 자유를 제한하는 틀이 아니라 '생각을 정리하는 도구'이다. 틀을 익히면 말은 더 쉬워지고, 틀을 넘어서면 말은 더 빛난다.

마무리 문장 50선
마지막 한 문장이 연설의 운명을 결정한다

연설의 품격은 마지막 문장으로 완성된다. 아무리 훌륭한 도입과 탄탄한 본론을 갖추었더라도, 청중의 기억 속에 남는 것은 결국 '마무리의 한 문장'이다. 마무리 문장은 메시지를 압축하고, 감정을 정리하며, 행동을 촉구하고, 여운을 남기는 역할을 한다.

상황별, 어조별로 나누어 '50개의 대표적인 마무리 문장'을 제시한다. 연설이 끝나는 순간, 청중의 마음속에 빛처럼 남는 문장들이다.

격려·도전

"지금의 한 걸음이, 내일의 큰 변화를 만들 것입니다."

"우리는 멈추지 않을 것입니다. 오늘은 다시 시작하는 날입니다."

"가능성은 이미 여러분 안에 있습니다. 이제 펼쳐 보이십시오."

"두려움은 남기고, 희망만을 가지고 나아가길 바랍니다."

"작은 용기가 세상을 바꿉니다. 그 용기를 지금 선택하십시오."

"당신의 여정은 아직 끝나지 않았습니다. 이제 더 멀리 가십시오."

"오늘의 결심이 당신의 내일을 다시 씁니다."

"돌아가는 길이 아니라, 앞으로 가는 길을 선택하십시오."

"우리 모두가 서로의 용기가 되어 앞으로 걸어 나갑시다."

"당신의 한 걸음을, 우리는 모두 응원합니다."

감사와 겸손

"이 모든 순간은 여러분이 만들어주신 선물입니다. 감사드립니다."

"제가 받은 이 은혜를 잊지 않고, 더욱 정직하게 걸어가겠습니다."

"오늘의 박수는 저의 것이 아니라, 함께한 우리 모두의 것입니다."

"여러분의 믿음은 제게 가장 큰 힘이었습니다."

"감사합니다. 그 마음을 품고 더 깊이 배우겠습니다."

"저는 오늘 또 한 번, 인간적 감사의 의미를 깨닫습니다."

"이 자리를 만들어주신 모든 분들께 진심으로 고개 숙여 감사드립니다."

"저의 부족함을 채워주신 여러분께 감사의 마음을 전합니다."

"오늘의 이 영광을 함께 나누며, 더 성실히 살아가겠습니다."

"감사합니다. 그리고 감사하는 마음으로 새로운 시작을 하겠습니다."

환영과 연대

"이제 우리는 한배를 타고, 한 방향을 향해 나아갑니다."

"여러분과 함께할 미래가 기대됩니다. 진심으로 환영합니다."

"우리의 만남은 우연이 아닙니다. 새로운 인연의 출발입니다."

"함께 웃고, 함께 성장하는 공동체가 되기를 바랍니다."

"여러분의 참여가 우리 모두의 내일을 밝히는 힘이 됩니다."

"이 자리는 시작일 뿐입니다. 오늘부터 우리는 연결됩니다."

"마음의 문을 열고 서로에게 다가갈 때 공동체는 강해집니다."

"여러분의 발걸음이 이 조직의 새로운 미래를 만듭니다."

"우리의 협력은 오늘보다 내일을 더 아름답게 만들 것입니다."

"함께할 수 있음에 감사하며, 여러분의 앞날을 응원합니다."

위로와 치유

"고통은 지나가지만, 서로의 손을 잡은 기억은 남습니다."

"우리는 함께 울고, 함께 일어설 것입니다."

"어둠은 빛을 이기지 못합니다. 희망은 언제나 다시 피어오릅니다."

"당신의 상처를 기억합니다. 그러나 그 상처는 당신을 규정하지 않습니다."

"지금은 아프지만, 이 아픔이 우리를 더 깊은 사람으로 만들 것입니다."

"당신의 슬픔을 혼자 두지 않겠습니다."

"오늘의 이 위로가 작지만 따뜻한 등불이 되길 바랍니다."

"우리의 연대는 고통을 견디게 하는 힘입니다."

"기억하겠습니다. 그리고 함께 이겨내겠습니다."

"당신의 마음에 작은 평안의 바람이 닿기를 바랍니다."

선언, 비전, 결의

"우리는 선언했습니다. 이제 행동할 시간입니다."

"오늘의 결의가 내일의 역사를 바꿀 것입니다."

"우리는 침묵하지 않을 것입니다. 우리는 움직일 것입니다."

"이제 우리의 가치가 현실이 될 차례입니다."

"변화는 말이 아니라 행동에서 시작됩니다."

"우리가 오늘 약속한 것은 우리의 미래입니다."

"우리는 함께 바꿀 것입니다. 그리고 반드시 해낼 것입니다."

"이 선언은 기록으로 남지만, 우리의 행동은 역사로 남습니다."

"우리가 지금 결심한 것, 그것이 곧 새로운 기준이 될 것입니다."

"우리는 여기서 멈추지 않습니다. 우리는 이제 시작합니다."

한 연설의 운명은 마지막 문장에 달렸다. 도입은 귀를 열고, 본론은 생각을 움직이며, 결론은 마음을 움직인다. 마무리 문장은 연설의 의미를 압축하고, 청중의 감정을 연결하며, 행동을 촉구하고, 오래 남는 여운을 준다. 좋은 결말은 하나의 문장을 넘어, 하나의 새로운 출발이 된다.

스피치 워크시트 : **10분 완성 연설문 설계 도구**

생각은 흐르고, 구조는 잡아준다

연설은 즉흥적으로 보이지만, 훌륭한 연설일수록 '보이지 않는 설계도'가 존재한다. 집을 지을 때 도면이 필요하듯, 말하기에도 구조와 흐름을 조율하는 도구가 필요하다. 많은 이들이 연설문을 쓰는 과정에서 처음 한 줄을 떠올리지 못해 시작하지 못한다. 그러나 그 망설임의 상당 부분은 '생각의 부족이 아니라 구조의 부재'에서 비롯된다.

단 10분 만에 스피치 초안을 구상할 수 있는 워크시트형 설계 도구를 제시한다. 이것은 하나의 형식이자, 말의 뼈대를 세우는 나침반이다.

모든 스피치는 크게 세 갈래로 나뉜다.

도입 : 마음을 여는 말

본론 : 의미를 담는 말

마무리 : 여운을 남기는 말

말은 흘러가는 것이 아니라, 미리 설계하고 조율할 수 있는 '언어의 음악'이다. 워크시트를 반복적으로 쓰다 보면, 자연스럽게 머릿속에서도 스피치의 구조가 잡힌다. 말이 아니라 설계도를 먼저 그려라. 구조 없는 말은 기억되지 않는다. 이 워크시트 한 장이면, 당신도 연설문을 시작할 수 있다.

말의 골격을 잡는 10분 설계 워크시트

항목	질문	작성 예시
스피치 목적	무엇을 위해 말하는가?	신입사원 환영과 격려
청중 분석	누구에게 말하는가?	신입사원, 회사 임원진
핵심 메시지	한 문장으로 요약하면?	"당신의 시작이 곧 조직의 미래다."
도입 문장	어떻게 주의를 끌 것인가?	"30년 전, 저도 이 자리에서 떨고 있었습니다."
본론 구조	2~3개 키워드로 정리	기억, 책임, 기대
마무리 문장	어떤 인상을 남길 것인가?	"당신의 첫걸음을 우리가 응원합니다." 회의·조직의 구체적 행동 결의
시간 분배	각 파트별 예상 시간	도입 1분 / 본론 3분 / 결론 1분

졸업 축사 템플릿 적용 예시

항목	작성 내용
스피치 목적	졸업생 격려와 미래 응원
청중 분석	졸업생, 학부모, 교사
핵심 메시지	"당신의 삶은 오늘부터 본격적인 시작입니다."
도입 문장	"기억하십니까? 첫 등교일의 그 떨림을."
본론 구조	회고, 감사, 다짐
마무리 문장	"당신의 오늘이, 누군가의 내일이 됩니다."
시간 분배	총 5분(도입 1분 / 본론 3분 / 결론 1분)

각 칸은 1~2줄이면 충분하다. 말이 길어질수록 구조는 더 단순해야 한다. 꼭 멋진 문장을 쓰지 않아도 된다. '정리된 생각'이 '좋은 표현'보다 중요하다.

워크시트 인쇄용 양식(요약형)

목적 _______________________

청중 ______________________

핵심 메시지 ______________________

도입 _____________________

본론 키워드(2~3개) _____________________

마무리 문장 _____________________

예상 시간 : 도입 ___ / 본론 ___ / 결론 ___

실전 쓰기 연습

틀을 채우는 훈련

백문불여일작(百聞不如一作), 말 잘하는 비결은 결국 써보는 데 있다. 스피치 이론을 아무리 배워도, 막상 빈 종이를 앞에 두면 손이 멈춘다. 말도 글처럼 '쓰기 훈련'이 필요하다. '틀을 채우는 방식'으로, 초보자도 쉽게 시작할 수 있는 12가지 실전 문제를 제공한다.

전체를 다 쓰지 않아도 좋다. 중요한 것은 핵심 문장을 채우는 감각 훈련이다. 반복하다 보면 실제 스피치 작성 능력이 확연히 향상된다.

연습 문제 12제

격려사 – 실패한 이들에게 건네는 말

상황 : 프로젝트 실패 후 팀을 격려해야 할 때

목표 : 자책을 멈추고 다시 나아갈 힘을 북돋우기

도입 : "지금 가장 필요한 건 반성이 아니라 회복입니다."

본론 : 실패의 원인 요약 → 우리가 배운 것 → 다음 기회

결론 : "우리는 멈추지 않습니다. 이제, 다시 시작입니다."

수상 소감 – 감사의 말을 전하라

상황 : 공로상 수상 직후

목표 : 감사를 중심으로 한 겸손한 수사

"이 상은 저 혼자의 힘으로 받은 것이 아닙니다."

"제 곁을 지켜준 모든 분들께 이 자리를 빌려 감사드립니다."

"앞으로 더욱 겸손하게 배우겠습니다."

졸업 축사 - 인생의 출발점에서

도입 : "오늘은 끝이 아니라, 시작입니다."

본론 : 회고 → 배움의 가치 → 미래에 대한 조언

결론 : "여러분의 오늘이 누군가의 내일이 되길 바랍니다."

송별사 - 떠나는 사람에게 전하는 말

도입 : "이별은 익숙해지지 않습니다."

본론 : 그 사람의 공헌과 추억 언급

결론 : "떠나는 이에게는 박수를, 남는 이에게는 다짐을."

환영사 - 첫 만남의 문을 여는 말

"함께하게 되어 반갑습니다."

"여러분의 존재가 이 조직을 더 빛나게 해줄 것입니다."

"이제부터 우리는 같은 배를 탔습니다."

위촉사 - 책임을 맡긴다는 것

"직책은 지위가 아니라 책임입니다."

"오늘 이 위촉이 새로운 시대를 여는 시작이 되길 바랍니다."

"당신을 믿고 맡깁니다."

추도사 - 고인을 기억하며

"그분의 웃음을, 우리는 기억합니다."

"말은 짧았지만, 그 삶은 깊었습니다."

"오늘의 이 작별은 영원한 기억으로 남을 것입니다."

창립 기념사 – 시간이 만든 조직의 힘

"오늘 우리는 역사를 기립니다."

"지금의 성장은 어제의 땀방울 위에 세워졌습니다."

"우리는 여전히, 길 위에 있습니다."

사과문 – 신뢰 회복의 말

"이유를 불문하고, 먼저 사과드립니다."

"진심으로 잘못을 인정하며, 책임지겠습니다."

"행동으로 증명하겠습니다."

폐회사 – 끝이 아닌 다음을 여는 말

"긴 시간 함께해 주셔서 감사합니다."

"오늘의 배움이 내일의 실천으로 이어지길 바랍니다."

"이 자리가 또 다른 만남의 시작이길 바랍니다."

비공식 짧은 연설 – 5문장 안에 말하기

① 상황 진술

② 감정 표현

③ 감사 또는 격려

④ 유머 또는 통찰

⑤ 한 줄 마무리

예) "이 자리는 예상하지 못한 감동입니다. 모든 분께 감사드리며, 이 순간을 오래
기억하겠습니다."

즉흥 연설 – 준비 없이도 당당하게 말하는 법

① 내가 느낀 점 한 가지

② 그 감정의 이유

③ 모두에게 적용되는 교훈

④ 결론 한 문장

예) "지금 제 가슴이 뜁니다. 그건 바로, 여러분 때문입니다. 함께한 이 시간이 제게
도 큰 영광이었습니다."

스피치는 문학이 아니다. 완성보다 시작이 중요하고, 완벽보다 진심이 우선이다.
이제부터는 '빈칸'을 보면 두렵지 않을 것이다. 그 빈칸을 채우는 감각과 틀을 가
졌기 때문이다.

연설문 다듬기 20가지 체크리스트

좋은 연설은 다듬는 과정에서 나온다

연설문 작성의 마지막 단계는 '퇴고(推敲)'이다. 말하기 위한 글은 일반적인 문장과 다르다. 읽히는 언어가 아니라 '들리는 언어', 논리의 흐름이 아니라 '호흡의 흐름', 문장의 정확성이 아니라 '청중의 이해와 감정의 리듬'이 더 중요하다. 따라서 연설문은 반드시 소리 내어 읽으며 다듬는 과정을 거쳐야 한다.

연설자가 자신의 원고를 스스로 점검할 수 있도록 '가장 핵심적인 20개 항목'을 체크리스트로 정리했다. 각 항목은 실제 강의, 기업 연설 코칭, 정부·학술 행사 컨설팅에서 가장 자주 활용되는 기준으로 구성되었다.

내용 점검

연설의 '뼈대'를 튼튼하게 만드는 과정이다.

① 주제가 한 줄로 정리되는가?

연설의 핵심은 단 하나여야 한다. "이 연설을 한 문장으로 요약하면 무엇인가?" 이 질문에 단번에 답할 수 없다면 구조를 다시 설계해야 한다.

② 불필요한 이야기나 지엽적 설명이 남아 있지 않은가?

행사 스피치는 한정된 시간 안에 울림을 만들어야 한다. 사족이 많아지면 핵심 메시지가 희미해진다. '이 문장이 빠져도 의미가 유지되는가?'를 기준으로 삭제 여부를 판단한다.

③ 사례, 근거, 인용의 균형이 맞는가?

사례만 나열하면 설득이 약해지고, 추상만 강조하면 감정이 사라진다. 연설의 바람직한 구조는 '메시지(논리) 40% + 사례(스토리) 40% + 감정·이미지 20%'의 조화를 이뤄야 한다.

④ 청중의 눈높이에 맞춰 쓰였는가?

전문가 연설이든 축사이든 연설은 청중을 위한 언어다. 전문용어, 어려운 구문, 낯선 비유는 청중을 멀어지게 한다. '중학생도 이해할 수 있는가?' 이 질문을 기준으로 다시 읽어보라.

⑤ 목적에 부합하는 흐름인가?

격려가 목적이면 결론은 반드시 희망으로, 사과가 목적이면 결론은 책임으로, 송별이 목적이면 결론은 응원으로 끝나야 한다. 연설은 '목적의 언어'다.

⑥ 전체 흐름이 한 방향을 향하고 있는가?

도입–본론–결론이 하나의 '길'을 가고 있는가? 중간에 옆길로 새는 논점이 없는지 점검한다. 연설문은 하나의 강물처럼 흘러야 한다.

문장과 어휘 점검

들리는 언어가 갖추어야 할 명료성과 품격을 점검한다.

⑦ 문장 길이가 적절한가?

연설문은 '짧은 문장 70% + 중간 문장 30%'가 이상적이다. 한 문장이 30자를 넘기면 호흡이 끊기고, 청중의 집중도가 떨어진다.

⑧ 부사와 형용사가 과도하지 않은가?

'진정으로', '매우', '정말로' 등을 남발하면 감정의 신뢰도가 떨어진다. 단어보다 구조(반복, 대조, 리듬)로 해야 한다.

⑨ 비유와 이미지 표현이 자연스러운가?

비유는 연설의 힘이지만, 부적절하면 과장처럼 들린다. 특히 장례식, 재난 같은 엄숙한 자리에서 과도한 비유는 감정을 거스른다.

⑩ 어려운 한자어나 전문 용어가 많지 않은가?

가능하면 '쉬운 한글 중심'으로 재구성한다. 연설은 '지적 과시'의 무대가 아니라 '이해의 무대'다.

⑪ 반복 표현이 과하지 않고 효과적인가?

적절한 반복은 리듬을 만들지만, 과한 반복은 지루함을 만든다. 반복은 최대 3회를 넘기지 않는다.

⑫ 말의 품격을 떨어뜨리는 단어가 없는가?

비하, 편견, 공격적 표현은 공적 스피치에는 절대 금물이다. '이 문장이 기사에 그대로 실려도 문제없는가?' 이 질문을 기준으로 삼는다.

전달·리듬 점검

말하기 위한 글의 핵심은 소리 내어 말했을 때 어떻게 들리는가이다.

⑬ 소리 내어 읽을 때 막히는 문장은 없는가?

막히는 문장은 대부분 구조 오류이거나 길이가 과한 문장이다. 입이 따라가지 않으면 청중의 귀도 따라가지 못한다.

⑭ **호흡의 리듬이 자연스러운가?**

연설은 호흡과 함께한다. 도입–본론–결론의 감정 흐름에 따라 호흡의 길이와 속도가 조절되어야 한다.

⑮ **목소리 변화의 지점을 설계했는가?**

핵심 문장은 속도를 늦추고 음을 낮추어 '무게'를 주어야 한다. 격려 문장은 밝은 톤, 결의 문장은 단단한 어조를 사용한다. 연설은 문장이 아니라 음성 안에서 완성된다.

⑯ **청중의 감정 여정이 고려되었는가?**

청중은 도입에서 집중하고, 본론에서 공감하고, 결론에서 움직인다. 감정이 지나치게 앞서거나 늦으면 메시지가 흩어진다.

⑰ **결론이 충분히 강한가?**

연설은 마지막 한 문장으로 기억된다. 결론부가 약하면 전체 인상이 흔들린다. 결론은 짧게, 단단하게, 명료하게 마무리한다.

형식과 현장 점검

마지막은 실제 무대에서의 작동 여부를 점검한다.

⑱ **시간 내에 끝나는 분량인가?**

1분은 약 150~160자 정도 말할 수 있는 시간이다. 연설문을 읽어보고 실제 시간을 측정해야 한다. '1분 초과'는 실제 무대에서 생각보다 큰 영향을 준다.

⑲ **청중의 유형에 따라 어조를 조정했는가?**

동년배, 상급자, 청소년, 국제 청중 등 대상에 따라 높임, 평어, 감정선이 모두 달라진다. 같은 내용이라도 어조에 따라 결과가 완전히 달라진다.

⑳ 현장 변수에 대응할 여지가 있는가?

갑작스러운 시간 단축, 분위기 변화, 기술 문제 등 현장에서 흔히 발생하는 변수를 고려하여 '줄여 말하는 버전(축약본)'과 '늘려 말하는 버전(확장본)'을 사전에 준비해 두는 것이 좋다.

마무리 점검

연설의 완성은 퇴고의 힘에 달려 있다. 연설을 잘하는 사람은 말이 많은 사람이 아니라, 자신의 말을 다듬을 줄 아는 사람이다. 쓰는 것은 초안이고, 다듬는 것은 완성이다.

체크리스트 20항목을 습관처럼 적용한다면 어떤 자리에서도 품격 있고 신뢰받는 연설문을 만들 수 있다.

Part 2

말의 무대 위에서

- 전달·퍼포먼스·현장 반응

말의 나침반을 들고, 무대로 나아가라

연설은 언제나 시대의 균열 속에서 태어났다. 혼란이 깊어지고 희망이 멀어졌을 때 시대는 조용히 그러나 집요하게 한 사람에게 묻는다.

"지금, 누가 말할 것인가? 그리고 무엇을 말할 것인가?"

이 질문 앞에서 어떤 이는 침묵을 택했고, 어떤 이는 한 걸음 앞으로 나아갔다. 진실을 위해, 정의를 위해, 혹은 무너져가는 나라의 방향을 바로 세우기 위해 그들이 무대에 올랐을 때, 말은 더 이상 개인의 목소리가 아니었다. 그들의 말은 한 시대의 심장이 되었다.

이 책에서 만나게 될 세계 43인의 연설은 43번의 역사적 압력 앞에서 태어난 운명적인 문장들이다. 그 문장들은 전쟁을 멈추게 했고, 억압을 흔들었으며, 침묵하던 사람들을 다시 일으켜 세웠다.

우리는 이 거대한 흐름을 일곱 갈래로 나누어 펼쳐 보인다. 진리, 국가, 정의, 통합, 혁신, 인간, 리더십. 이 길들은 서로 교차하며 인류의 역사 위에 말로 그려진 한 장의 영웅의 지도를 완성한다. 그 지도는 시대가 필요로 했던 목소리들이 만들어낸 '운명의 항로(航路)'이다. 이제 당신은 그 항로 위에 들어선다. 이름 없는 자들이 영웅이 되었던 무대로. 그리고 그 순간부터 독자는 더 이상 관객이 아니다. 그들의 문장을 따라 말하라. 그들의 호흡을 따라 호흡하라. 그들이 본 풍경, 그들이 견딘 무게, 그들이 건너야 했던 두려움까지 함께 체험하라. 그러면 어느 순간 깨닫게 된다. 말은 반복하면 기술이 되지만, 온몸으로 받아들이면 '힘'이 된다.

'실전편'은 바로 그 힘을 단련하는 훈련장이다. 당신의 목소리가 시대의 전선으로 나아가는 준비를 돕는다. 이제 문은 열렸다. 당신 앞에 놓인 길은 하나뿐이다. 말의 나침반을 들고, 시대의 무대로 나아가라.

당신의 말이 누군가의 내일을 바꿀지 모른다.

1장
진리를 말한 사람들

양심이 말할 때 시대는 깨어난다

"철학의 시작은 질문이다"

소크라테스

기원전 399년, 아테네 시민 법정. 소크라테스는 국가가 믿는 신들을 부정하고 젊은이를 타락시켰다는 혐의로 기소된 자리에서 자신을 변호한다. 그는 자신을 구하기보다 진리, 양심, 철학의 가치를 세우기 위해 법정에서 마지막 연설을 남긴다.

연설문 발췌

아테네 시민 여러분,

방금 나의 고발자들이

얼마나 그럴듯하게 말했는지 놀라셨을 것입니다.

그들은 마치 진실을 말하는 듯 했지만,

실은 한마디도 진실을 말하지 않았습니다.

나는 내가 지혜롭지 않다는 사실을 압니다.

신탁이 말한 '소크라테스보다 지혜로운 이는 없다'는

말의 뜻이 무엇인지 알고 싶었습니다.

나는 정치가를 찾아가 물었으나,

그는 지혜로운 척했지 실제로는 무지했습니다.

그래서 나는 그가 자신이 모른다는 사실을 모른다는 것을 깨달았습니다.

나는 시인에게 갔습니다.

그들은 훌륭한 시를 썼지만,

그것이 어디서 비롯된 것인지 자신들도 알지 못했습니다.

영감은 있었으나 지혜는 없었습니다.

장인들에게 갔습니다.

그들은 자신들의 기술에 대해선 지혜로웠으나,

그 때문에 삶 전체에서도 현명하다고 여겼습니다.

이렇게 조사한 끝에, 나는 내가 지혜로운 것이 아니라

'내가 모른다는 것을 안다'는 점에서

그들보다 조금 나았음을 알게 되었습니다.

아테네 시민 여러분,

나는 여러분을 설득하거나 달래려는 것이 아닙니다.

나는 신의 명령을 따를 뿐

사람들이 영혼을 돌보도록 깨우는 말벌의 역할을 수행했을 뿐입니다.

여러분이 나를 죽인다면,

여러분은 다시는 이런 사람을 얻지 못할 것입니다.

신이 도시에 보낸 나 같은 사람은 드뭅니다.

죽음은 2가지 중 하나입니다.

아무것도 느끼지 못하는 깊은 잠이거나,

과거의 위대한 사람들을 만나는 영혼의 여행입니다.

어느 쪽이든 두려워할 것이 없습니다.

그러니, 나는 진리를 말했기에 결코 부끄럽지 않습니다.

부끄러워해야 할 것은 불의이지, 죽음이 아닙니다.

핵심 해설 Insight

소크라테스는 '지적 겸손'을 인간 정신의 최고 가치로 제시했다. 그는 자신의 무지를 인정하는 용기, 질문하는 정신을 시민에게 일깨웠다. 죽음보다 진리를 우선시하는 태도로 '철학적 삶'의 기준을 만들었다.

실전 적용 포인트

- 리더의 위험은 '모른다는 사실을 모르는 것'이다.
- 주장보다 질문이 상대의 사고를 깨우고 협력을 만든다.
- '내가 틀릴 수도 있다'는 논조는 회피가 아니라 신뢰의 출발점이다.
- 말의 목적은 상대를 이기는 것이 아니라 '진리를 찾는 것'이다.

"자유 없는 축일은 기만이다"

프레더릭 더글러스

1852년 7월 5일, 노예 출신이었던 프레더릭 더글러스는 미국 독립 기념 연설 요청을 받고, 독립의 이상이 흑인에게는 허울뿐이라는 모순을 강력하게 드러냈다. 이 연설은 미국 사회가 외면했던 '자유의 어두운 그림자'를 정면으로 폭로한 역사적 순간으로 평가된다.

연설문 발췌

오늘 제가 이 자리에서 묻고자 합니다.

이 독립기념일이 우리에게 무엇을 의미합니까?

백인에게는 자유의 날일지 모르지만,

흑인에게 오늘은 더 깊은 슬픔의 날입니다.

여러분이 자랑하는 자유와 정의의 원칙은

우리를 여전히 쇠사슬에 묶어두며,

그 선언의 문장들은 우리의 생애와는 무관한 말들입니다.

여러분은 자유의 축배를 들지만,

내 백성은 채찍을 견디고 있습니다.

여러분은 인권을 말하지만,

우리는 인간으로 인정받지도 못하고 있습니다.

이 나라의 법과 질서는

우리에게는 공포와 잔혹의 이름으로 다가옵니다.

그러나 저는 희망을 버리지 않습니다.

미국의 원칙은 위대하며, 그 원칙들이 진정으로 실현될 날이 올 것입니다.

그날이 오면 모든 이가 함께 말할 것입니다.

'자유는 특정한 인종의 것이 아니라, 모든 인류의 것입니다.'

핵심 해설 Insight

더글러스의 연설은 비난이나 감정 폭발이 아니라, 미국이 스스로 내세운 '자유, 평등, 정의'의 가치로 미국을 심판하는 구조를 취한다. 그의 언어는 도덕적 분노와 침착한 논리가 결합된 형식이며, 억압당한 이들의 현실을 '국가의 이상'과 대비시키며 청중으로 하여금 도덕적 각성을 요구한다.

실전 적용 포인트

- 비판적 연설은 '감정'보다 가치와 원칙을 근거로 삼을 때 힘이 생긴다.
- 상대의 언어(자유, 정의)를 다시 사용해 거울처럼 반사시키는 전략이다.
- 희망의 문장을 마지막에 두면, 강한 비판도 '미래를 향한 제안'으로 승화된다.

"화해 없는 평화는 없다"

넬슨 만델라

27년간 감옥에 있던 넬슨 만델라는 1990년 석방되자마자, 수십만 군중 앞에서 남아프리카공화국의 미래를 향한 첫 공식 연설을 했다. 분노와 복수 대신 평화, 화해, 정의를 선택한 그의 메시지는 아파르트헤이트(인종차별 정책) 해체의 결정적 전환점을 만들었다.

연설문 발췌

오늘 나는 여러분 앞에 섰습니다.

자유의 몸으로 돌아왔지만,

우리 민족은 아직도 자유롭지 않습니다.

내가 감옥에서 배운 것은 단 한 가지입니다.

억압은 억압받는 이의 분노를 키우지만,

그 분노를 어떻게 사용할지는 우리의 선택이라는 것입니다.

우리는 백인 지배의 사슬을 끊어야 하지만,

그 과정에서 미움과 복수를 선택해서는 안 됩니다.

나는 여러분과 함께, 남아프리카가

모든 인종이 존엄하게 살아가는 나라가 되도록 노력할 것입니다.

평화는 약함이 아닙니다. 평화는 정의를 향한 용기입니다.

아프리카민족회의(ANC)는 무장 투쟁을 시작했지만,

우리가 바라는 것은

피의 보복이 아니라 자유와 평등이 꽃피는 나라입니다.

오늘, 나는 여러분 모두에게 손을 내밉니다.

우리의 미래는 분열이 아니라

화해와 협력 위에 세워야 합니다.

이 땅의 모든 아이가 두려움 없이

'우리는 하나의 나라'라고 말할 수 있는 그날까지,

나의 투쟁은 계속될 것입니다.

핵심 해설 Insight

만델라의 언어는 '승자의 선언'이 아니라, 상처 입은 공동체를 하나로 묶는 도덕적 리더십의 전범이다. 감옥에서 나온 직후임에도 그는 분노보다 책임과 절제를 선택했고, '평화는 약함이 아니다'라는 문장은 국가적 화해를 향한 철학적 전환점을 제시한다.

실전 적용 포인트

- 위기의 리더십은 감정 절제에서 시작된다.

- 거대한 변화를 이끌 때는 '승리의 언어'보다 포용과 화해의 언어
  가 더 강한 설득력을 지닌다.

- 연설의 끝은 언제나 미래를 향한 약속으로 닫아야 한다.

"당신 인생의 청사진을 그려라"

마틴 루터 킹 주니어

마틴 루터 킹 주니어는 1967년 4월 26일, 네브래스카의 글렌빌 고
등학교에서 청소년들에게 '어떻게 자신만의 삶을 설계할 것인가'를
주제로 연설했다. 폭력, 차별, 빈곤이 일상이던 시대에, 그는 다음 세
대에게 존엄, 노력, 탁월함의 원칙을 전하는 데 집중했다. 이 연설은
혁명가 킹이 아닌 '교사 킹'의 면모를 보여준다.

연설문 발췌

오늘 저는 여러분의 눈동자 속에서 희망을 봅니다.

우리가 처한 현실은 여전히 차별과 격리라는 어두운 구름에 덮여 있지만,

저는 오늘 여러분의 마음속에 지워지지 않을

'인생의 청사진'을 새겨드리고자 합니다.

첫째, 여러분의 내면에 절대 흔들리지 않는 '자존감'을 세우십시오.

누군가 여러분을 '보잘것없는 존재'라고 부르도록 허용하지 마십시오.

여러분, 스스로를 부끄러워하지 마십시오.

여러분의 피부색은 신이 주신 아름다운 선물입니다.

"나는 소중한 존재다!"라고, 매일 아침 여러분의 영혼에 외치십시오.

마음의 해방 없이는 진정한 자유도 없습니다.

둘째, 어떤 일을 하든 '탁월함'을 목표로 삼으십시오.

세상은 점점 더 기회의 문을 넓힐 것입니다.

하지만 그 문은 준비된 자만이 들어갈 수 있습니다.

여러분이 맡은 일이 무엇이든,

인류 역사상 그 누구도 당신보다 더 잘할 수 없을 만큼

완벽하게 해내십시오.

만약 당신이 거리 청소부라면,

미켈란젤로가 그림을 그리듯 거리를 쓰십시오.

베토벤이 교향곡을 작곡하듯 거리를 쓰십시오.

그러면 하늘의 천사들이 내려다보며

"여기 자기 직분을 다한 위대한 청소부가 살고 있다"고 찬양할 것입니다.

마지막으로, 어떤 시련이 와도 멈추지 말고 계속 나아가십시오.

우리 조상들이 노예제의 잔혹함을 이겨내고 오늘을 만들었듯,

우리도 여기서 멈출 수 없습니다.

날 수 없다면 뛰십시오.

뛸 수 없다면 걸으십시오.

걸을 수 없다면 기어서라도 가십시오.

어떠한 고난이 앞길을 막더라도,

여러분의 발걸음을 결코 멈추지 마십시오.

여러분의 삶을 믿으십시오. 그리고 계속 전진하십시오.

핵심 해설 Insight

킹의 언어는 단순한 동기부여가 아니라, 차별의 시대에 청소년에게 '존엄의 토대'를 다시 세워주었다. 그는 인생을 '집을 짓는 설계'라는 비유로 풀어 어떤 직업, 어떤 조건에서도 인간은 스스로의 삶을 가치 있게 설계할 수 있다고 강조한다. 이 연설은 비폭력 저항의 철학을 일상적 실천으로 확장했다.

실전 적용 포인트

- 청중이 청소년이든 어른이든, 존엄의 원칙에서 출발하면 메시지가 흔들리지 않는다.
- '비유적 구조(집, 설계, 청사진)'는 복잡한 가치도 쉽게 전달한다.
- 메시지를 3개로 압축하면 청중은 기억하고 실천하기 쉽다.

"내면의 자유만이 인간을 구원한다"

알렉산드르 솔제니친

소련의 강제수용소 체험을 토대로 전체주의의 실체를 폭로한 작가 솔제니친은 노벨문학상을 수상했으나 정권의 탄압으로 국외로 추방되었다. 1976년 미국 강연에서 그는 서구 사회에까지 만연한 '도덕적 무기력'을 비판하며, 자유란 제도가 보장하는 것이 아니라 진실을 말하려는 내면의 용기에서 시작한다고 역설했다.

연설문 발췌(특유의 예언적, 도덕적, 근엄한 어조)

여러분,

인간에게 가장 큰 위험은 폭정이나 빈곤이 아닙니다.

가장 큰 위험은 진실을 말하는 용기를 잃는 것입니다.

자유는 제도가 주는 선물이 아닙니다.

자유는 인간의 마음속에서 거짓을 거부하고

진실을 선택하려는 결단에서 시작됩니다.

전체주의는 총칼보다 먼저

우리의 영혼을 공격합니다.

거짓을 습관으로 만들고,

침묵을 미덕처럼 보이게 합니다.

그러나 우리가 진실을 말하는 순간

그 체제는 이미 균열이 나기 시작합니다.

저는 오늘 서구 사회에 경고하고 싶습니다.

여러분은 외형적으로 자유롭지만

내면의 용기를 잃고 있습니다.

편안함과 두려움이 진실을 말하는 것을 가로막고 있습니다.

여러분,

자유는 밖에서 오는 것이 아니라

당신의 내면에서 시작됩니다.

그 자유가 살아 있을 때

우리는 인간으로서 존엄을 지킬 수 있습니다.

핵심 해설 Insight

이념보다 '진실을 말하는 인간의 용기'를 중심에 둔다. 그는 폭압적

체제에서 침묵이 어떻게 거짓을 키우는지, 한 사람의 목소리가 어떻

게 어둠을 흔들 수 있는지를 강조한다. 그의 언어는 격렬하지 않지
만, 내면의 윤리를 호소하는 강한 힘을 가지고 있다. 결국 그의 메시
지는 진실에 대한 충성이야말로 자유의 출발점이라는 단순하면서
도 근본적인 통찰이다.

실전 적용 포인트

- 철학적, 도덕적 메시지는 구체적 사례보다 개념의 힘으로 전달된다.
- 위기를 설명할 때는 '적의 힘'보다 '우리 내부의 약점'을 강조하
  는 전략이 효과적이다.
- '경고형 연설'은 과장보다 근거 있는 도덕적 단정이 더 설득력 있다.
- 진실, 용기, 침묵 같은 단어를 반복하면 청중의 기억을 지배할 수
  있다.

"인간의 존엄은 타협되지 않는다"

데스몬드 투투

1984년, 남아프리카공화국은 여전히 아파르트헤이트 체제 아래 있었고, 차별과 폭력, 억압이 일상으로 자행되었다. 데스몬드 투투 주교는 노벨평화상 수상 연설에서 전 세계를 향해 '정의 없는 평화는 없다'는 확고한 신념을 선언했다.

연설문 발췌

오늘의 상은 나 개인을 위한 것이 아니라,

억압 속에서 신음하는

우리 남아프리카의 사람들을 위한 것입니다.

우리는 자유를 얻기 위해

폭력을 선택하지 않았습니다.

폭력은 또 다른 폭력을 낳고,

미움은 미움을 낳기 때문입니다.

우리가 바라는 것은 권력의 교체가 아니라,

모든 사람이 존엄을 회복하는 나라입니다.

평화는 침묵의 대가가 아닙니다.

정의가 서지 않는 곳에서는 평화가 올 수 없습니다.

차별의 법이 사라지고,

백인과 흑인이 서로를 두려워하지 않게 될 때,

그때 비로소 이 땅에 복음이 비칠 것입니다.

오늘 나는 국제사회에 호소합니다.

우리에게 닥친 억압을 외면하지 말아주십시오.

침묵은 중립이 아니라, 억압하는 자의 편에 서는 일입니다.

그러나 우리는 희망을 버리지 않습니다.

언젠가 자유의 날이 올 것이며,

그날 우리는 하나의 인류로서 함께 춤출 것입니다.

핵심 해설 Insight

분노를 자극하기보다 인간 존엄에 대한 믿음을 회복하는 데 초점을 둔다. 그는 억압의 현실을 외면하지 않으면서도, 미움의 악순환을 끊기 위해 서로의 상처를 인정해야 한다고 강조한다. 그의 언어는 가볍지만 깊고, 유머 속에서도 단단한 도덕성이 드러난다. 결국 투투의 메시지는 화해야말로 공동체를 다시 세우는 가장 강한 힘이라는 통찰에 닿아 있다.

실전 적용 포인트

- 가치, 철학을 말할 때는 정의, 존엄 같은 핵심 개념을 선명하게
  잡아라.
- 갈등 상황에서는 문제를 감추지 않고 도덕적 선택지를 명확히
  제시한다.
- 희망의 메시지는 마지막에 미래의 그림을 보여줄 때 가장 큰 힘
  을 가진다.

2장
국가를 설계한 목소리

무너진 세계에서 '새로운 건축가들'이 등장하다

"우리는 해변에서 싸울 것이다"

윈스턴 처칠

제2차세계대전 초기 영국의 해외 파견군은 프랑스에서 독일군에 밀려 대규모 철수를 해야 했다. 이 위기 속에서 새로 취임한 총리 윈스턴 처칠은 국민에게 냉혹한 현실을 전하면서도 희망을 잃지 않도록 강력한 메시지를 전달해야 했다.

연설문 발췌(1940년 6월 4일, 하원 연설)

우리는 끝까지 싸울 것입니다.

우리는 프랑스에서 싸울 것이고,

바다와 대양에서 싸울 것이며,

점점 더 커지는 자신감과 힘으로 공중에서 싸울 것이고,

어떤 대가를 치르더라도 우리의 섬을 지킬 것입니다.

우리는 해변에서 싸울 것이고,

상륙지에서 싸울 것이며,

들판과 거리에서 싸울 것이고,

언덕에서 싸울 것입니다.

우리는 결코 항복하지 않을 것입니다.

설령 광대한 본토가 정복당하고

굶주림에 시달리게 되더라도,

우리 제국은 바다 건너 영국 함대의 보호 아래

반드시 싸움을 계속할 것입니다.

세계의 먼 곳에서 자원했던

용감한 젊은이들의 힘이 다시 일어나,

구름으로 뒤덮인 오래된 대륙을 구원할 날이 올 것입니다.

영국은 흔들리지 않을 것입니다.

우리의 의지는 무너지지 않을 것입니다.

이 위대한 민족의 정신이 꺼진 적은 없었습니다.

그리고 지금도 꺼지지 않을 것입니다.

핵심 해설 Insight

'상황 설명'이 아니라 국민에게 싸울 이유를 알려주는 언어다. 그의 가장 강력한 무기는 반복법과 클라이맥스 구조다. 메시지는 단 하나다. "무너져도 항복하지 않는다."

실전 적용 포인트

- '반복'은 강철 같은 메시지를 만든다.

- 스피치에서 반복은 리듬, 기억, 감동을 모두 만들어낸다.

- '장면을 그림을 그리듯이' 말한다.

- 문장의 길이는 짧고, 호흡은 길게 한다.

"프랑스는 아직 끝나지 않았다"

샤를르 드골

1940년 6월, 나치 독일이 파리를 점령하고 프랑스는 항복을 선언했다. 모두가 전쟁의 끝을 받아들이던 순간, 런던으로 망명한 샤를르 드골 장군은 BBC를 통해 국민에게 "프랑스의 싸움은 끝나지 않았다"고 외쳤다. 이는 프랑스 레지스탕스의 출발점이자 유럽 리더십 역사에서 가장 강렬한 재기의 선언으로 남았다.

연설문 발췌(확장판, 짧은 연설)

프랑스 국민 여러분,

우리는 전투에서 패배했을지 몰라도,

프랑스는 아직 패배하지 않았습니다.

적은 우리의 땅을 점령했지만,

우리의 영혼과 의지는 결코 점령할 수 없습니다.

오늘의 패배는 일시적일 뿐이며,

강대국들의 힘과 세계의 자유 민족들이

이 전쟁의 최종 결과를 결정할 것입니다.

나는 말합니다.

프랑스의 운명은 포기와 절망이 아니라,

저항과 희망 속에 있습니다.

우리는 다시 일어설 것입니다.

나와 함께하십시오.

자유의 불꽃은 아직 꺼지지 않았고,

프랑스의 위대한 임무는 아직 끝나지 않았습니다.

핵심 해설 Insight

패배한 국가에 '새로운 정체성'을 부여했다. 현실을 부정하지 않으면서도 "프랑스의 정신은 패배하지 않았다"고 선언함으로써 '국가적 사기(士氣)를 재구축하는 리더십'을 보여주었다. 수사학적으로는 짧은 문장, 단호한 반복, 국가적 상징(영혼, 불꽃)을 통해 청중의 감정을 즉각적으로 끌어올렸다.

실전 적용 포인트

- 위기의 순간에는 '현실 진단 + 정신 재정의'의 프레임이 효과적이다.
- 길고 복잡한 설명보다 짧고 단단한 문장이 믿음을 만든다.
- 리더의 언어는 사실을 넘어서 정체성을 만들어내는 힘이 있다.

"나는 베를린 시민입니다"

존 F. 케네디

1963년, 베를린 장벽은 냉전의 상징이었다. 소련과 동독이 도시를 갈라놓고, 자유세계와 공산세계의 대립이 극에 달한 상황에서 존 F. 케네디는 서베를린 시민들에게 자유를 약속하고 연대의 메시지를 전달했다. 이 연설은 미국 대통령이 해외에서 한 스피치 중 가장 강력한 정치적 상징성을 갖는다.

연설문 발췌(확장판, 짧은 연설)

자유를 의심하는 이들에게 말합니다.

베를린을 보라고 하십시오.

독재는 자유의 도시를 벽으로 갈라놓았습니다.

그러나 그 벽이 증명하는 것은

공산주의의 성공이 아니라 실패입니다.

오늘 나는 베를린 시민 여러분과 함께 서 있습니다.

여러분의 자유를 향한 의지야말로

전 세계가 지켜보는 희망의 상징입니다.

그러므로 나는 선언합니다.
'나는 베를린 시민입니다(Ich bin ein Berliner).'
여러분의 고통은 우리의 고통이고,
여러분의 자유는 우리의 자유입니다.
자유는 분열을 두려워하지 않습니다.
자유는 자신감을 갖고 미래를 향해 나아갑니다.

베를린의 정신은 세계의 모든 억압받는 이들에게
한 가지 진실을 말하고 있습니다.
자유는 반드시 승리한다는 것입니다.

핵심 해설 Insight

외교적 언어가 아니라 정서적 연대의 언어를 사용했다. 그의 메시지는 '정책'이 아닌 '정체성의 선언'에 가깝다. "나는 베를린 시민입니다"라는 문장은 청중의 정체성과 자신을 동일시하는 동일화 수사법의 대표적 사례이며, 냉전기의 이념 대립을 '자유 대 억압'이라는 명료한 서사로 재정의한다. 그 결과, 연설은 정치적 전략을 넘어 하나의 역사적 상징이 되었다.

실전 적용 포인트

- 청중과의 심리적 거리를 줄이고 싶다면 정체성을 공유하는 문장
  이 효과적이다.
- 외교, 정치 분야에서도 감정적 공감은 전략적 힘을 가진다.
- 복잡한 이슈는 '가치의 충돌'로 단순화하면 설득력이 높아진다.

"개혁만이 유일한 길이다"

미하일 고르바초프

1980년대 중반, 소련은 경제 침체, 사회 경직, 국제 고립의 위기 상황에 놓여 있었다. 새로 집권한 고르바초프는 '페레스트로이카(재건)'와 '글라스노스트(개방, 투명성)'를 표방하며, 소련 체제를 근본적으로 바꾸는 대전환을 선언했다. 그의 말은 냉전의 해빙, 동유럽의 민주화, 국제 질서 재편에 큰 영향을 주었다.

연설문 발췌(연설체 리듬 강화)

동지 여러분,

우리는 지금 선택의 갈림길에 서 있습니다.

정체는 후퇴를 의미하고, 후퇴는 위기를 심화시킬 뿐입니다.

소련은 위대합니다.

그러나 우리의 위대함이 과거의 영광에만 머물러 있다면,

그것은 더 이상 위대함이 아닙니다.

우리는 변해야 합니다. 지금 변해야 합니다.

페레스트로이카는 모험이 아닙니다.

이것은 우리의 생존을 위한 필연적 개혁입니다.

경제는 활력을 잃었고, 사회는 경직되었으며,

국민은 창의적인 에너지를 발휘할 공간을 잃고 있습니다.

우리는 문을 열어야 합니다.

정보는 숨길 것이 아니라 공유해야 하며,

국민은 침묵하는 대상이 아니라,

국가의 미래를 함께 만드는 주체가 되어야 합니다.

나는 여러분에게 약속합니다.

이 길은 쉽지 않을 것입니다.

그러나 우리가 한 걸음만 내딛는다면,

그 한 걸음이 우리나라를 다시 일으킬 것입니다.

우리는 두려움이 아니라 희망을 따라야 합니다.

폐쇄가 아니라 개방을, 경직이 아니라 창의를,

불신이 아니라 신뢰를 선택해야 합니다.

동지 여러분, 우리의 미래는 오늘 시작됩니다.

페레스트로이카는 단지 정책이 아니라,

새로운 사고의 방식입니다.

이제 함께 전진합시다.

핵심 해설 Insight

희망의 논리를 제시한 개혁 연설가로서 그의 언어는 '체제의 우월성을 주장'하는 것이 아니라, 스스로의 약점을 인정하고 새로운 길을 제시한다. 또한 '선언형 반복(해야 합니다), 대비(폐쇄, 개방), 미래지향형 문장'을 통해 청중에게 '변화의 어휘'를 체험하게 한다. 리더가 체제를 바꿀 때 어떤 어휘와 톤을 사용해야 하는지 보여주는 교본이다.

실전 적용 포인트

- 체제, 조직 혁신은 스스로의 문제를 정직하게 말하는 데서 출발한다.
- 개혁의 언어는 '위기-대안-희망'의 구조로 설계하면 강력해진다.
- 선언형 문장("우리는 변해야 합니다")은 청중의 행동 결심을 유도한다.

"운명의 약속을 맞이한다"

자와할랄 네루

1947년 8월 14일 자정, 인도는 영국의 지배에서 벗어나 독립을 맞
았다. 수억 명의 희망과 혼란이 뒤섞인 역사적 전환점을 맞아 네루
는 임시의회 앞에서 '운명의 약속'을 선언하며, 새로운 국가의 탄생
을 세계에 알렸다.

연설문 발췌(확장판, 짧은 연설)
오랜 세월 우리는 이 순간을 기다려왔습니다.
자정이 울리고 세상이 잠든 순간,
인도는 생명과 자유로 깨어날 것입니다.

오늘 우리는 자유를 얻는 것 이상을 시작합니다.
우리는 빈곤과 편견, 불의와 특권의 유산을 벗고
위대한 모험으로 나아갈 것을 약속합니다.

나라를 세운다는 것은 땅을 차지하는 것이 아니라,

사람들의 영혼을 일으키는 일입니다.

우리는 인도 국민 모두에게 봉사하겠다는 서약과 함께

아시아와 세계의 평화에 기여할 것을 맹세합니다.

우리의 자유는 홀로 얻은 자유가 아니라,

억압받는 모든 민족을 향한 연대의 부름입니다.

이 밤, 우리는 미래와 약속합니다.

보다 정의롭고, 보다 관용적이며,

더 넓은 형제애 위에 세워진 인도를 만들겠습니다.

핵심 해설 Insight

정치 연설이라기보다 국가적 서사시에 가깝다. 독립이라는 현실적 사건을 '정의, 연대, 인류의 평화'로 확장하며, 신생 국가의 정체성과 가치의 토대를 제시한다. 시적 비유와 장중한 리듬은 인도 독립을 단순한 정치 사건이 아닌 인류사적 도약으로 승화시킨다.

실전 적용 포인트

- 거대한 변화를 말할 때는 '사건'보다 가치와 약속을 강조한다.
- 서사적 리듬이 있는 문장은 청중의 감정과 기억에 오래 남는다.
- 국가, 조직의 비전은 구체적 정책보다 공동의 언어와 정신에서 시작된다.

"우리는 다시 만날 것이다"

엘리자베스 2세

2020년 봄, 코로나19가 전 세계를 멈춰 세우던 시기. 영국은 의료 붕괴, 봉쇄 조치, 사회적 불안 등 큰 혼란을 겪고 있었다. 엘리자베스 2세는 국민의 공포를 달래고 공동체의 인내, 희망, 결속을 호소하기 위해 특별 연설을 했다. 그것은 영국을 넘어 세계인에게 위로와 담대함을 전한 역사적 장면이었다.

연설문 발췌(고전적 품위 강조)

오늘 우리 모두는 깊은 불확실 속에 서 있습니다.

많은 이들이 사랑하는 사람을 잃었고,

일상은 단숨에 멈춰버렸습니다.

그러나 저는 여러분께 말합니다.

우리는 이 도전을 이겨낼 것입니다.

우리는 용기와 인내로 수많은 어려움을 극복해온

강인한 국민입니다.

의료진과 필수 노동자 여러분,

당신들의 헌신은 우리 모두의 희망입니다.

여러분 덕분에 우리는 다시 일어설 수 있습니다.

비록 지금은 서로 떨어져 있어야 하지만,

그 거리 속에서도 우리는 공동체로 연결되어 있습니다.

그리고 저는 여러분께 확신을 드리고 싶습니다.

우리는 다시 만날 것입니다.

우리는 다시 함께할 것입니다.

더 밝은 날이 우리 앞에 올 것입니다.

핵심 해설 Insight

공포를 부정하지 않으면서도 정서적 안정감을 회복하는 힘을 갖고
있다. 그녀의 연설은 해결책을 제시하기보다 '정서적 중심'을 잡아
주는 형식이며, 고전적 수사(인내, 의연함, 희망)의 반복을 통해 국민
에게 "우리는 흔들리지 않는다"는 신호를 보낸다. 특히 "우리는 다시
만날 것입니다"는 간결한 예언적 문장으로, 위로와 약속을 동시에
전달한다.

실전 적용 포인트

- 위기의 리더십은 사실을 인정하되 공포를 키우지 않는 어조에서 시작된다.
- '희망의 반복'은 위기 커뮤니케이션의 핵심 전략이다.
- 군중의 불안을 다스릴 때는 정보보다 정서적 안정이 더 큰 효과를 낸다.

3장
정의를 부른 외침

부당함에 침묵하지 않을 때,
역사가 고개를 든다

"우리는 여기 있습니다"

볼로디미르 젤렌스키

2022년 2월 러시아의 침공 이후, 볼로디미르 젤렌스키는 우크라이나 대통령궁을 떠나지 않고, 수도 키이우 한복판에서 전 세계에 메시지를 발신했다. 그의 연설은 군사적 지휘가 아니라 국가적 의지와 시민의 저항을 일으키는 정신적 전투였다. "우리는 여기 있습니다(We are here)"라는 선언은 우크라이나 국민에게 용기를, 세계에는 연대를 불러일으켰다.

연설문 발췌(현장감, 긴박감 강화)

우크라이나 국민 여러분,

우리는 여기 있습니다.

우리의 군대도, 시민도, 정부도

모두 이 땅을 지키고 있습니다.

오늘 밤, 적은 우리를 무너뜨리려 했지만

우리는 서 있습니다.

그리고 우리는 말합니다.

'우리는 절대 굴복하지 않습니다.'

그들은 우리의 하늘을 빼앗을 수 있지만

우리의 의지를 빼앗을 수는 없습니다.

그들은 거리를 파괴할 수 있지만

우리가 서로를 지키려는 마음은 무너뜨릴 수 없습니다.

우리는 집을 지키고, 도시를 지키고,

우리 아이들의 미래를 지킬 것입니다.

우리는 키이우에서 싸울 것이고,

하르키우에서 싸울 것이며,

흑해 연안에서도 싸울 것입니다.

우리는 모든 곳에서 우리를 증명할 것입니다.

우크라이나는 살아 있습니다.

우크라이나는 자유를 선택했습니다.

그리고 자유를 선택한 나라는

끝까지 싸우는 나라입니다.

'전시 대통령'의 형식적 선언을 넘어 공동체의 영혼을 일으키는 언어다. 전략 설명이나 추상적 가치보다, 현장의 감정(두려움, 분노, 결의)를 짧고 단호한 문장에 담아 전달한다. 반복("우리는 싸운다"), 구체적 지명(키이우, 하르키우), 감정적 대조(파괴와 의지)를 통해 국가적 저항의 이미지를 선명하게 심어준다. 그의 연설은 국익을 넘어 전세계 민주주의 국가들이 '우리가 왜 싸우는가'를 다시 생각하게 만든다.

실전 적용 포인트

- 극한 상황에서는 길고 복잡한 논리를 버리고 감정, 사실, 결의 3가지에 집중하라.
- 지명, 상황, 시간 등 구체적인 요소는 현장감을 주는 강력한 효과가 있다.
- 반복과 단호한 어조는 공포 속에서도 청중의 심리를 '전진하는 쪽으로' 움직인다.

"책과 펜이 세상을 바꾼다"

말랄라 유사프자이

파키스탄에서 여성 교육을 금지하려던 탈레반의 공격으로 총상을 입고도 말랄라 유사프자이는 침묵하지 않았다. 2013년 7월, 회복 후 처음 유엔에 선 말랄라는 "한 아이, 한 교사, 한 책, 한 펜이 세상을 바꾼다"는 메시지로 전 인류의 마음을 흔들었다. 이 연설은 평화와 교육의 상징적 선언으로 기록되었다.

연설문 발췌(담담함, 용기, 도덕적 명료함)

친애하는 여러분,

저는 오늘 복수하러 온 것이 아닙니다.

저는 교육을 위해 왔습니다.

총알이 제 머리를 관통했지만

그들은 제 목소리를 빼앗지 못했습니다.

그 상처는 제 몸을 아프게 했지만,

제 믿음은 더 강해졌습니다.

저는 말하고 싶습니다.

아이들은 책과 펜이 있어야 합니다.

여성은 교육을 받을 권리가 있습니다.

모든 아이는 두려움 없이

학교에 갈 수 있어야 합니다.

탈레반은 책을 두려워합니다.

책 속에 있는 '빛'을 두려워합니다.

그러므로 저는 오늘

모든 나라, 모든 지도자에게 요청합니다.

더 많은 교사를, 더 많은 학교를,

더 많은 기회를 만들어주십시오.

한 아이, 한 교사, 한 책, 한 펜이

세상을 바꿀 수 있습니다.

핵심 해설 Insight

'도덕적 권위'가 어떻게 만들어지는지를 보여주는 대표 사례다. 총
상을 입고도 교육을 말하는 소녀의 목소리는 단순한 주장이 아니다.
복수와 분노를 넘어섬으로써 더 큰 도덕적 지지를 얻는다. "그들은

책을 두려워한다"는 말로 적의 두려움을 폭로한다. '한 아이, 한 교사'라는 단순하고 반복적인 구조로 메시지를 세계적 슬로건으로 만든다. 어떤 상황에서도 '옳은 목소리'를 내야 한다는 시대적 요청을 대변한다.

실전 적용 포인트

- 당신의 경험은 고통스러운 것일지라도 최고의 설득이 될 수 있다.
- 비폭력 연설은 상대를 공격하는 대신 가치를 높이는 방식으로 힘을 발휘한다.
- 반복적이고 리듬감 있는 문장은 메시지를 '슬로건'으로 만든다.
- 청소년 연설의 힘은 감정이 아니라 도덕적 명료성에서 나온다.

"아시아 인민의 연대여, 일어나라"

쑨원

중화민국의 국부(國父)로 불리던 쑨원(孫文)은 제국주의 침탈로 신음하던 아시아가 서구 열강의 지배를 벗어나기 위해서는 깨어 있는 민족의식과 상호 연대가 필요하다고 보았다. 1924년 일본 고베 연설은 그가 생전에 남긴 정치철학의 정수로, 아시아 민족에게 '스스로의 길을 만들라'는 강력한 부름이었다.

연설문 발췌(논쟁, 격려, 역사 분석형 어조)

오늘 저는 아시아가 왜 스스로를 잃었는지,

그리고 어떻게 다시 일어설 수 있는지를 말하고자 합니다.

서구 열강은 오랫동안

문명의 이름으로 침략을 정당화해 왔습니다.

그러나 우리가 분명히 알아야 할 것은

아시아의 몰락이 서구의 우월성 때문이 아니라

우리 스스로의 분열과 무지 때문이었다는 사실입니다.

이제 우리는 깨어나야 합니다.

아시아 민족은 서로를 경쟁자로 보지 말고

미래를 함께 짓는 동반자로 보아야 합니다.

서구는 대포와 군함으로 세계를 바꿨습니다.

그러나 우리는 정의와 도의(道義)로 세계를 바꿀 수 있습니다.

아시아가 단결하고 스스로의 문명을 중심에 세운다면

우리는 다시 세계의 중요한 축이 될 것입니다.

여러분, 아시아의 미래는 멀리 있지 않습니다.

그것은 우리가

언제 스스로의 힘을 믿기 시작하느냐에 달려 있습니다.

핵심 해설 Insight

민족, 민권, 민생이라는 '국가의 근본 원리'를 단순하면서도 명료하게 제시한다. 그는 이상적 구호보다 현실의 고통을 먼저 직시하며, 백성의 삶을 개선하지 않는 혁명은 무의미하다고 강조한다. 그의 언어는 감정적 선동이 아닌 원칙의 선언에 가깝고, 청중이 스스로 국가의 주체임을 자각하도록 만든다. 쑨원은 변화의 방향을 제시한 사상가이자 실천을 강조한 행동가였다.

실전 적용 포인트

- 지역적, 역사적 문제를 다루는 연설은 비판과 자기성찰의 균형이 설득력을 높인다.
- 민족주의가 도덕적 우월주의로 흐르지 않도록 보편적 가치(정의, 도리)와 결합해야 한다.
- '적을 비판하는 언어'보다 '미래로 초대하는 언어'가 영향력이 크다.
- 지역 공동체, 협력 담론을 다룰 때 문명적 관점을 제시하면 깊이 있는 메시지가 된다.

"민족정신을 깨워라"

요한 고틀리프 피히테

1806년 프로이센은 나폴레옹에게 패배하고 국가 체제가 무너졌다. 지식인들은 절망했고, 민중은 패배의 충격을 견디지 못할 때 요한 고틀리프 피히테는 베를린에서 '독일 국민에게 고함'이라는 연설을 했다. 그의 메시지는 단순한 민족주의가 아니라 '국가를 다시 일으키는 힘은 교육과 정신의 각성'이라는 철학적이면서도 실천적인 선언이었다.

연설문 발췌(단호한 어조)

독일 국민 여러분,

우리가 처한 오늘의 패배는

우리의 힘이 약해서가 아니라

우리의 정신이 잠들어 있었기 때문입니다.

군대가 무너질 수는 있어도

국민의 정신이 무너지지 않는 한

국가는 결코 멸망하지 않습니다.

그러므로 우리가 가장 먼저 해야 할 일은

무기를 다시 드는 것이 아니라

우리의 정신을 다시 세우는 것입니다.

교육이란 다음 세대가 단순히 지식을 배우는 것이 아니라

국가를 위해 자신을 바칠 수 있는

도덕적 인간을 길러내는 일입니다.

외세의 힘에 굴복하는 민족은

다른 누구에게 패배한 것이 아니라

자기 자신에게 패배한 것입니다.

독일은 다시 일어설 수 있습니다.

우리 안의 정신이 깨어난다면

우리는 어떤 힘에도 다시 설 것입니다.

핵심 해설 Insight

전쟁과 혼란 속에서 '정신의 독립'을 먼저 세우려는 시도였다. 그는 국가의 존립은 군사력 이전에 국민이 스스로를 어떻게 인식하느냐에 따라 결정된다고 보았다. 그의 언어는 격정적이지만 목적은 명확하다. 위기의 시대일수록 교육, 언어, 문화가 민족의 힘을 지탱하는

토대라는 것이다. 결국 피히테는 외적의 위협을 넘어서, 국민 스스
로 깨어나야 다시 일어설 수 있다고 강조했다.

실전 적용 포인트

- 조직이 위기에 빠졌을 때, 단기 대책보다 정신, 정체성, 문화적
  재건의 언어가 더 강하다.
- 리더는 문제의 원인을 '외부 탓'보다 내적 역량의 회복에서 찾을
  때 설득력을 얻는다.
- 교육, 가치, 도덕적 기준을 중심에 두는 연설은 장기적 비전을 제
  시하는 가장 효과적인 방식이다.
- 패배나 실패의 순간에도 '다시 일어서는 정신'을 말하는 리더의
  언어는 오래 남는다.

"파괴가 아니라 희망을 선택한다"

아웅산 수치

1991년, 군부독재에 저항하던 아웅산 수치는 가택연금 상태에서 노벨평화상을 받았다. 그녀는 직접 시상식에 참석할 수 없었고, 대신 연설문을 보내 '두려움의 정치'에 맞서는 시민의 용기를 강조했다. 이 연설은 폭력에 의존하지 않는 '비폭력 저항의 철학'을 세계에 각인시켰다.

연설문 발췌(메시지 리듬 살림)

우리가 맞서야 할 것은 단지 총과 폭력이 아닙니다.

사람들의 입을 막고, 마음을 움츠러들게 만드는

'두려움의 정치'입니다.

두려움은 국민을 약하게 만들고,

지배자는 그 약함을 이용해 권력을 유지합니다.

그러나 두려움에서 벗어나는 순간,

우리는 인간이 가진 본래의 존엄과 용기를 되찾습니다.

자유는 누가 대신 가져다주는 선물이 아닙니다.

우리 스스로 두려움을 직시하고,

그 두려움을 넘어설 때

비로소 자유의 의미가 시작됩니다.

비폭력은 약함의 표현이 아닙니다.

그것은 마음의 힘이며,

사람들의 영혼을 움직이는 조용한 에너지입니다.

이 힘은 총보다 강하며,

결국 역사를 움직이는 변화의 원천이 됩니다.

우리의 투쟁은 증오를 향하지 않습니다.

우리는 파괴가 아니라 희망을 선택합니다.

두려움 속에서도 희망을 붙든 사람들에게

새로운 미래는 반드시 열립니다.

두려움이 잠들 때, 인간은 다시 일어설 수 있습니다.

그리고 그때, 자유는 현실이 됩니다.

핵심 해설 Insight

'저항의 본질'을 폭력이나 정치적 구호가 아니라 '두려움의 극복'으로 정의한다. 이는 저항을 개인의 내적 변화와 연결해 설득력을 높인다. 또한 비폭력을 '도덕적 선택이자 전략적 힘'으로 규정해, 청중이 행동의 근거를 이해하도록 돕는다. 짧고 정제된 문장 구조는 독재 상황에서도 흔들리지 않는 '도덕적 침착함'을 보여준다.

실전 적용 포인트

- 변화와 저항의 출발점은 '두려움 인식 → 극복'이라는 내적 과정이다.
- 비폭력은 약함이 아니라 '도덕적 힘'이라는 재정의가 강한 설득력을 가진다.
- 억압 상황에서도 침착한 어조가 메시지의 권위를 높인다.
- 추상적 원칙이 아닌 '인간의 존엄'이 연결될 때 청중은 움직인다.

"나무를 심는 것이 미래를 심는 일이다"

왕가리 마타이

케냐의 환경운동가 왕가리 마타이는 독재 정권과 환경 파괴에 맞서
싸우며 '그린벨트 운동'을 이끌었다. 2004년 노벨평화상 수상 연설
에서 그녀는 단순한 환경운동을 넘어 민주주의, 여성 인권, 지속 가
능성을 연결하는 새로운 정의의 패러다임을 제시했다.

연설문 발췌(원문 톤 유지)

여러분, 한 사람이 한 그루의 나무를 심으면,

그 순간부터 변화는 시작됩니다.

나무 한 그루가

무슨 힘이 있겠느냐고 묻는 분들도 있겠지요.

하지만 바로 그 한 그루가

토양을 살리고, 물을 붙잡고,

아이들에게 그늘을 만들어줍니다.

나무는 단지 식물이 아닙니다.

나무는 자유입니다. 나무는 평화입니다.

우리는 오랫동안 두려움 속에서

조용히 있으라는 말을 들어왔습니다.

말하지 말라, 움직이지 말라,

침묵하라는 요구를 받아왔습니다.

그러나 여러분, 침묵은 중립이 아닙니다.

침묵은 불의의 편입니다.

정의는 멀리 있지 않습니다.

오늘, 지금, 우리가 할 수 있는 작은 행동 속에 있습니다.

한 그루의 나무를 심는 일,

바로 그것이 미래를 심는 일입니다.

여러분의 손으로,

이 땅의 내일을 심어주십시오.

핵심 해설 insight

거대한 정치 담론이 아니라 '작은 행동의 윤리'를 전면에 내세웠다.
그녀의 언어는 추상적 정의 대신 구체적 이미지(나무 심기)로 정의의
실천 가능성을 드러낸다. '환경 – 인권 – 민주주의'의 연결을 최초로
대중화한 연설로 평가받는다.

실전 적용 포인트

- 정의의 언어는 크고 거창할 필요 없다. '작은 행동을 상징화'하면 된다.
- 실천을 유도하는 메시지는 '이미지 기반 어휘'가 강력하다.
- 억압 구조를 말할 때는 '침묵의 윤리 문제'를 명확히 드러낸다.

4장

꿈과 통합의 언어

분열의 시대, 말은 사람을
한자리로 모은다

"기억은 미래를 향해야 한다"

버락 오바마

2016년 5월, 버락 오바마 미국 대통령은 현직 대통령으로서는 처음으로 히로시마를 방문했다. 그는 제2차세계대전의 상처와 핵무기의 비극을 언급하며, 인류가 다시는 그와 같은 길을 걷지 말아야 한다고 호소했다. 이 연설은 사과나 변명 대신 '인류 전체의 도덕적 성찰'로 기억된다.

연설문 발췌(시적 리듬, 연설체 강화)

우리는 역사의 무게 앞에 서 있습니다.

71년 전, 이곳 하늘이 갈라지고

세상은 한순간에 달라졌습니다.

히로시마는 우리에게 말합니다.

과학이 인간의 양심을 앞질렀을 때

무슨 일이 일어나는지를.

그리고 우리가 어떤 세상을 선택해야 하는지를.

우리는 과거를 지울 수 없습니다.

그러나 과거로부터 배울 수는 있습니다.

전쟁이 어떻게 시작되었는지,

평화가 어떻게 무너졌는지,

그리고 인간이 어떻게 서로를 회복시키는지를

우리는 여기에서 보아야 합니다.

희생된 영혼들에게 우리는 말해야 합니다.

그들의 죽음이 헛되지 않았다고.

우리가 더 나은 세상을 만들겠다고.

핵무기의 그림자가

더 이상 우리의 아이들에게 드리우지 않는 미래를

함께 만들어야 합니다.

이곳 히로시마는 인류에게 이런 약속을 요구합니다.

우리는 다시는 이 길을 걷지 않겠다고.

핵심 해설 Insight

사과 여부의 정치적 논쟁을 넘어서, 보편적 인류의 언어를 만들어냈다. 그는 사건을 '국가 간의 문제'로 다루지 않고 '과학, 양심, 전쟁, 무지, 기억'이라는 문명적 프레임으로 끌어올린다. 또한 시적 이미지(하늘이 갈라졌다, 그림자, 약속)를 사용해 폭력의 비극을 감성적, 철

학적 영역으로 확장한다. 이 연설의 힘은 '미래에 대한 윤리적 초대'
에 있다. 청중은 과거를 보면서도 미래를 향해 걷는다.

실전 적용 포인트

- 갈등이나 상처를 말할 때는 '누구의 잘못인가'보다 '우리가 무엇
  을 배울 것인가'를 중심에 둔다.
- 정치적 사안도 보편적 가치(평화, 양심, 기억)로 승화시키면 국가
  를 넘어선 설득력이 생긴다.
- 감정적으로 무거운 주제일수록 시적 비유, 조용한 톤, 묵직한 간
  결함이 더 큰 울림을 만든다.

"지금은 온정의 정치가 필요하다"

저신다 아던

2018년 유엔 총회에서 뉴질랜드 총리 저신다 아던은 '21세기 리더십의 핵심은 힘이 아니라 공감'임을 선언했다. 기후위기, 난민 문제, 분열과 혐오가 확산되는 시대에, 그녀는 뉴질랜드가 지향하는 '친절하고 강한 세계'를 제안했다. 이 연설은 아던의 리더십을 세계 무대에 각인시킨 결정적 장면이다.

연설문 발췌(연설체 리듬 강화)

오늘 우리가 마주한 가장 큰 도전은

국가 간의 싸움이 아니라,

우리 마음속에서 벌어지는 싸움입니다.

두려움과 불신이 우리의 언어를 잠식하고 있습니다.

그러나 저는 말합니다.

우리는 더 친절한 세계를 만들 수 있습니다.

친절함은 약함이 아니라, 가장 강력한 변화의 힘입니다.

뉴질랜드는 다양성을 두려워하지 않습니다.

우리는 서로 다른 문화와 신념이 함께 살아갈 수 있다는 사실을,

매일의 삶 속에서 증명하고 있습니다.

기후변화에 대해 행동할 때가 바로 지금입니다.

난민을 돕고, 아이들의 권리를 지켜내며,

혐오와 폭력의 언어를 거부할 때가 지금입니다.

우리는 선택해야 합니다.

공포를 키울 것인가, 희망을 키울 것인가.

국경을 닫을 것인가, 마음을 열 것인가.

저는 이 자리에서 분명히 말합니다.

뉴질랜드는 희망을 선택하겠습니다.

친절을 선택하겠습니다.

그리고 여러분과 함께 더 강하고,

더 포용적인 세계를 만들겠습니다.

핵심 해설 Insight

'도덕적 명령'이 아니라 관계적 리더십의 언어다. 그녀는 국가 안보나 경제보다 '친절'이라는 감정적 가치로 연설의 중심을 잡고, 그 친절을 '국가 전략'으로 승화시킨다. 논쟁적 이슈를 다루면서도 공격

이나 비난이 아닌 포용, 공감, 연대로 문제를 재구성한다.

실전 적용 포인트

- 리더가 감정적인 단어(친절, 희망)를 전략적으로 사용하면 큰 공감대를 만든다.
- 갈등을 해결할 때 '적과 나'라는 프레임 대신 '함께 살아갈 우리'라는 관점을 제시한다.
- '선택하겠습니다'는 청중에게 책임감을 부여한다.

"치욕의 날, 승리를 부를 것이다"

프랭클린 루스벨트

1941년 12월 7일, 일본군이 진주만을 기습 공격하면서, 미국은 전쟁의 소용돌이 속으로 들어갔다. 국가 전체가 충격과 혼란에 빠진 다음 날, 프랭클린 루스벨트 대통령은 의회와 국민 앞에서 침착하면서도 단호한 어조로 전쟁 참여를 선언했다. 이 연설은 미국 역사에서 '국가적 결단의 순간'을 상징한다.

연설문 발췌(전쟁 수사학의 리듬 살림)

어제, 1941년 12월 7일은

'치욕의 날'로 기억될 것입니다.

미합중국은 일본 제국의 해군과 공군으로부터 기습 공격을 받았습니다.

우리는 속지 않았습니다. 우리는 준비되어 있습니다.

그리고 우리는 이 침략이 오랫동안 계획된 범죄였음을 알고 있습니다.

미국 국민 여러분,

우리는 자유를 지키기 위해 일어설 것입니다.

우리는 이 공격이 요구하는 모든 힘을 모을 것이며,

그 힘은 반드시 승리를 가져올 것입니다.

적은 우리의 항구를 파괴했지만

우리의 결의는 파괴하지 못했습니다.

우리는 싸울 것입니다.

우리는 인내할 것입니다.

우리는 마침내 승리할 것입니다.

나는 의회에 요청합니다.

일본 제국과의 전쟁을 선언해 주십시오.

우리는 정의를 위해, 자유를 위해,

그리고 미국의 안전을 위해

끝까지 나아갈 것입니다.

핵심 해설 Insight

루스벨트의 연설은 '분노 조절'의 교과서다. 그는 감정적 폭발 대신 법률적, 도덕적 정당성을 강조한다. '치욕의 날'이라는 한 문장으로, 국민 감정을 하나로 묶고, 짧고 단호한 문장(~할 것이다)을 반복함으로써 국가적 행동 결단을 이끌어낸다. 이 연설은 전쟁 선포임에도 공포를 자극하는 말이 아니라, 책임, 질서, 정의의 언어로 구성되어

있어, 위기 상황에서 지도자의 말이 어떤 톤을 지녀야 하는지 보여
준다.

실전 적용 포인트

- 위기 대응 연설은 감정과 이성의 균형이 핵심이다.
- 역사적 사건을 규정하는 단어(치욕의 날)는 청중의 기억을 결정한다.
- 행동을 촉구할 때는 '명확한 목적 + 단호한 반복 + 정당성 확보'
  3가지 요소가 가장 강한 설득력을 만든다.

"왕이여, 영원하라"

마돈나

2009년, 마이클 잭슨의 갑작스러운 죽음은 전 세계를 충격에 빠뜨렸고, 마돈나는 감동적인 추모 연설을 했다. 마돈나는 동료이자 동시대 예술가로서, '전설 뒤에 가려진 인간 마이클'을 재조명했다. 그녀의 연설은 고독과 상처 속에서도 천재성을 잃지 않았던 한 인간의 존엄을 회복하는 순간이었다.

연설문 발췌(감정의 리듬 살림)

마이클 잭슨은 1958년에 태어났습니다. 저도 그랬습니다.

그는 중서부에서 자랐습니다. 저도 그랬습니다.

그에게는 형제자매가 많았습니다. 저도 그랬습니다.

그러나 여섯 살의 그는 이미 세계의 사랑을 받는 아이였고,

여섯 살의 저는 어머니를 잃었습니다.

그는 가족이 있었지만 유년 시절이 없었습니다.

사람은 가지지 못한 것을 갈망합니다.

그의 고독을 저는 이해합니다.

그는 의심할 수 없는 천재였습니다.

그의 노래는 마음을 흔들었고,

그의 움직임은 예술이었으며,

그의 에너지는 영웅의 그것이었습니다.

하지만 영웅에게도 어둠이 찾아왔습니다.

마녀사냥이 시작되었고,

그는 스스로를 변호할 수 없는 고통 속에 놓였습니다.

저는 그 절망을 알고 있습니다.

그가 세상을 떠났다는 소식을 들었을 때,

저는 공연을 준비하고 있었습니다.

그리고 생각했습니다.

'우리가 그를 버렸구나.'

그런데 오늘, 제 아이들이 문워크를 추는 모습을 보며 깨달았습니다.

새로운 세대가 그의 천재성을 다시 발견하고 있다는 것을.

그의 삶은 계속되고 있다는 것을.

마이클, 당신이 어디에 있든

지금은 부디 미소 짓고 있기를.

기억해 주십시오. 그는 인간이었습니다.

그리고 그는 왕이었습니다.

왕이여, 영원하라.

핵심 해설 Insight

'천재의 고독'을 자신과 병치시키며 인간적 공감대를 이끈다. 반복 구조("저도 그랬습니다")는 두 사람의 생을 평행으로 놓아, 청중의 감정을 끌어올리는 핵심 장치다. 또한 추모의 정서 속에서도 '비난과 고립의 시대'를 직시하며, 마이클 잭슨의 명예를 회복하는 언어적 복권이 이루어진다. 마지막 문장 "왕이여, 영원하라"는 상징 선언으로, 추모사의 감정선을 극적으로 마무리한다.

실전 적용 포인트

- 추모 연설의 핵심은 '인간 회복'이다. 찬사보다 진실이 더 큰 울림을 준다.
- 반복 구조는 감정의 리듬을 만들고, 연설자의 진정성을 강화한다.
- 개인적 경험을 적절히 드러내면 청중과의 감정적 거리감이 빠르게 좁혀진다.
- 상징, 정체성, 존엄을 압축한 마지막 문장이 깊은 울림을 준다.

"사랑 없이는 구원도 없다"

마이클 잭슨

2001년, 마이클 잭슨은 데뷔 30주년을 맞아, 전 세계의 팬과 동료 예술가들 앞에서 '세상에 사랑의 꽃을 피우자'는 메시지를 전했다. 팝 역사에서 최고의 별이었지만, 그의 내면은 늘 고독과 오해로 둘러싸여 있었다. 그의 연설은 '명성보다 더 중요한 것, 즉 사랑, 치유, 인간애'를 향한 고백이었다.

연설문 발췌(부드러움, 슬픔, 희망 섞인 어조)

여러분,

우리는 모두 사랑이 있어야 하는 존재입니다.

그리고 저는 여러분 모두에게

사랑의 꽃을 피우자고 말하고 싶습니다.

저는 어린 시절부터 무대에서 자랐습니다.

빛나는 조명 아래 있었지만,

제 마음은 종종 외로웠습니다.

그 외로움이 제게 가르쳐준 것은

세상에는 아직도 사랑이 닿지 않은 마음들이 많다는 사실이었습니다.

우리가 서로에게 조금 더 손을 내밀고,

조금 더 이해하고, 조금 더 사랑한다면

세상은 훨씬 더 아름다워질 것입니다.

사랑은 음악보다 강합니다.

사랑은 무대보다 크고, 명성보다 오래 남습니다.

오늘 저는 여러분께 부탁드립니다.

고통 속에 있는 누군가에게

작은 사랑의 꽃을 건네주십시오.

그 꽃이 세상을 바꿀 수 있습니다.

핵심 해설 Insight

음악적 상징을 넘어 '치유와 연대'의 메시지를 담는다. 그는 세계 곳곳의 상처와 고통을 개인의 감정으로 끌어와, 사랑과 공감이 어떻게 사회를 변화시킬 수 있는지를 강조한다. 부드러운 어조 속에서도 인간애에 대한 강한 확신이 드러나며, 청중이 서로에게 손을 내밀도록 격려한다. 결국 그의 언어는 예술이 감정의 위로를 넘어 행동의 에너지가 된다는 믿음을 보여준다.

실전 적용 포인트

- 감정 연설의 핵심은 '감정의 고백'이 아니라 감정의 전환이다.
- '나의 이야기 → 우리의 이야기'로 확장하는 구조가 울림을 만든다.
- 예술가와 창작자의 연설은 치유, 공감, 인간애를 중심축으로 잡을 때 가장 강하다.
- 사랑이라는 단어조차 구조화된 메시지(왜=이유, 어떻게=실천)와 결합되어야 설득력을 가진다.

"우리는 하나의 인간 가족이다"

달라이 라마

티베트의 정신적 지도자 달라이 라마는 망명 이후 '비폭력·연민·보편적 책임'을 중심으로 세계적 평화 담론을 이끌어왔다. 그의 수많은 연설의 핵심은 "우리는 기본적으로 같은 인간이고, 우리의 운명을 스스로 결정할 권리를 갖고 싶어 한다"는 인간 본성의 메시지다.

연설문 발췌

저는 오늘 도처에서 압제받는 사람들,

자유를 위해 투쟁하고 있는 사람들,

세계 평화를 위해 애쓰고 있는 사람들을 대신하여,

이 상을 큰 감사로 받습니다.

세계의 어디에서 왔든지 간에,

우리는 기본적으로 같은 인간입니다.

우리는 모두 행복을 추구하고 고통을 피하고자 합니다.

우리 모든 인간은 자유를 원하고,

개인으로서 그리고 국민으로서

우리의 운명을 스스로 결정할 권리를 갖고 싶어 합니다.

이것은 인간의 본성입니다.

오늘날 우리가 직면하고 있는 문제들,

폭력적인 다툼, 자연의 파괴, 가난, 배고픔 등은

인간들이 만들어낸 문제이며,

인간의 노력을 통해 형제애와 자매애를 이해하고

이를 발전시키는 것을 통해 풀 수 있습니다.

금세기 마지막 10년에 들어서면서 저는 낙관합니다.

인류를 지속시켜온 고전적 가치를 오늘날 재확인하면서

행복한 21세기를 맞이할 준비를 하고 있습니다.

압제자와 친구를 포함해 우리 모두를 위해 기도합니다.

우리가 힘을 합쳐 인간에 대한 이해와 사랑을 통해

더 나은 세상을 만드는 데 성공할 수 있기를,

그리고 그를 통해 우리가 모든 아픔과 수난을 줄일 수 있기를.

핵심 해설 Insight

달라이 라마의 언어는 '도덕적 높이보다 정서적 깊이'를 통해 설득한다. 그는 명령형보다 공감형 어휘를 즐겨 쓰며, 정치적 해결이 어려운 문제도 '감정적 연결'을 통해 가능성을 열어젖힌다.

실전 적용 포인트

- 통합의 언어는 '지시'가 아니라 '공감·연결'로 구성된다.
- 갈등 해결 메시지는 반드시 '감정 절제 + 따뜻한 톤'을 유지해야 한다.
- '우리는 하나'라는 '보편주의 메시지'는 어떤 청중에게도 통한다.

5장

행동과 혁신의 언어

미래를 바꾼 사람들의 실전 기술

"항상 갈망하고,
항상 우직하게 나아가라"

스티브 잡스

2005년 스탠퍼드대학교 졸업식에서 스티브 잡스는 자기의 삶에서 얻은 3가지 통찰—점의 연결, 사랑과 상실, 죽음에 대한 성찰—을 솔직하고 담담하게 들려주었다. 이것은 전 세계 수백만 명에게 '삶과 선택의 용기'를 일깨운 명연설로 남는다.

연설문 발췌(연설체 감성, 리듬 강화)

여러분에게 3가지 이야기를 들려드리겠습니다.

그것으로 제 인생을 설명할 수 있습니다.

첫째는 점들을 연결하는 이야기입니다.

나는 대학을 중퇴했고,

필요도 없는 수업을 들으며 시간을 보냈습니다.

그런데 그때 배운 캘리그래피가

수년 뒤 매킨토시의 아름다운 타이포그래피로 이어졌습니다.

앞을 보며 점을 연결할 수는 없습니다.

뒤를 돌아볼 때만 연결됩니다.

그러니 여러분이 믿는 무엇인가를 따르십시오.

둘째는 사랑과 상실의 이야기입니다.

나는 애플을 사랑했고, 그러나 그 애플에서 해고되었습니다.

삶의 무게가 갑자기 사라진 것 같았습니다.

그러나 다시 시작할 수 있었습니다.

사랑했기 때문입니다.

여러분이 사랑하는 일을 찾으십시오.

그보다 중요한 것은 없습니다.

셋째는 죽음에 관한 이야기입니다.

나는 하루하루를 '마지막 날'처럼 살려고 노력합니다.

언젠가 반드시 죽는다는 사실은

중요하지 않은 것들을 밀어내고

진짜 중요한 것을 보게 해줍니다.

여러분의 시간은 제한되어 있습니다.

그러니 타인의 삶을 사느라 시간을 낭비하지 마십시오.

여러분의 마음과 직관을 따르십시오.

그것들은 이미 여러분이 무엇이 되고 싶은지를 알고 있습니다.

항상 갈망하고, 항상 우직하게 나아가라(Stay Hungry, Stay Foolish).

스티브 잡스의 연설의 힘은 '천재의 조언'이 아니라, 상실, 두려움, 실패, 부활을 견딘 인간의 언어에 있다. 구조는 매우 단순하다. 이야기 하나에 핵심 통찰 하나. 그 통찰은 직접 살아낸 경험에서 길어 올린 것이기에 청중은 '진짜 목소리'로 받아들인다. 또한 그는 짧은 문장, 반복적 리듬, 감정의 절제, 비유 없는 직설적 표현으로 청중이 '자기 인생'을 떠올리도록 만든다.

실전 적용 포인트

- '조언형 연설'은 논리보다 이야기 구조가 설득력을 높인다.
- 자신이 직접 겪은 실패와 상실을 드러내면 청중은 더 깊이 공감한다.
- 핵심 메시지는 짧고 기억할 수 있는 문장으로 남겨야 한다.

"실패를 자산으로 만들라"

마윈

알리바바 창업자 마윈(馬雲, Jack Ma)은 "성공보다 실패에서 더 많이 배웠다"는 철학으로 젊은 창업가들에게 큰 영향을 주었다. 2013년 강연에서 그는 도전, 팀워크, 지속력의 중요성을 유머와 직설을 섞어 풀어내며 기업가 정신의 본질을 제시했다.

연설문 발췌(직설, 속도감)

여러분, 사업은 천재가 하는 것이 아닙니다.

포기하지 않는 사람이 하는 것입니다.

나는 대학에도 떨어지고, 취업에서도 수없이 거절당했습니다.

KFC가 24명을 뽑을 때 나만 떨어졌습니다.

하지만 그때 깨달았습니다.

'거절은 끝이 아니라 시작이구나.'

오늘 여러분에게 말하고 싶은 것은

성공의 비밀이 아닙니다.

비밀 같은 것은 없습니다.

팀을 만들고, 고객을 생각하고,

끝까지 버티는 것, 그뿐입니다.

돈을 좇으면 방향을 잃습니다.

사람을 좇으면 기회가 보입니다.

문제를 피하지 말고, 문제 속으로 뛰어들어

작은 해답을 찾으십시오.

그 작은 해답들이 쌓이면 큰 변화가 됩니다.

그리고 무엇보다도, 여러분은 스스로를 믿어야 합니다.

다른 사람이 아닌, 바로 여러분이

세상을 바꾸는 사람입니다.

오늘 힘들다면, 그것은 여러분이 성장하고 있다는 증거입니다.

하루도 포기하지 마십시오.

핵심 해설 Insight

마윈의 연설은 지식보다 경험의 에너지로 움직인다. 그는 자신의 실패담을 서슴없이 드러내 청중이 '나도 할 수 있다'는 심리적 문을 열어준다. 또한 그의 핵심 전략은 '거절 → 배움, 문제 → 기회, 사람 →

성공'이라는 전환(轉換)의 언어다. 복잡한 경영 이론 대신 직관적이고 인간 중심의 원리를 강조하여 청중의 불안을 '용기'로 바꾸는 힘을 가진다.

실전 적용 포인트

- 실패와 거절 경험은 연설에서 가장 강력한 설득 자원이다.
- 성공 매뉴얼보다 문제 해결의 태도를 말할 때 청중의 동기가 높아진다.
- 기업가의 연설은 '원칙 3개 + 결론 1개의 간결 구조'가 가장 효과적이다.

"도전은 멈추지 않는다"

손정의

소프트뱅크 창업자 손정의는 20대 초반 병상에서 '인생에 남은 시간은 짧다'는 현실을 자각하며, 자신의 인생 목표를 5가지로 적었다. 그리고 2015년 연설에서 그 5가지 목표가 어떻게 기업의 도전과 혁신을 이끌었는지 회고했다. 그의 메시지는 단순하다. '운명을 흔드는 사람'이 되라는 것이다.

연설문 발췌(예언적, 단정적 리듬)

여러분, 저는 젊었을 때 병상에 누워 있었습니다.
세상을 향해 달려갈 시간이
그리 많지 않을지도 모른다고 생각했습니다.

그때 저는 결심했습니다.
'남은 생을 모두 걸어 세상을 바꾸는 일을 하겠다.'
저는 5가지 목표를 적었습니다.

첫째, 세계 최고의 기업을 만들 것.

둘째, 인류에게 도움이 되는 기술을 만들 것.

셋째, 평생을 바칠 동료를 찾을 것.

넷째, 어떤 실패도 두려워하지 않을 것.

다섯째, 마지막 순간까지 꿈을 멈추지 않을 것.

그 이후의 인생은 단순했습니다.

목표를 향해 하루하루 쌓아 올리는 것뿐이었습니다.

도전은 고통스럽습니다.

그러나 꿈이 없다면 그 고통은 단지 고통일 뿐입니다.

꿈이 있으면 고통은 '연료'가 됩니다.

저는 오늘도 말합니다.

크게 꿈꾸십시오.

실패하더라도 크게 실패하십시오.

그러면 언젠가 세상이 여러분 쪽으로 움직이게 될 것입니다.

핵심 해설 Insight

손정의의 연설은 계획이 아니라 '선언'에 가깝다. 그는 목표를 미래가 아닌 이미 실현된 현실처럼 말하며 비전을 제시한다. 핵심은 삶의 방향을 하나로 모으는 결단이다. 도전은 감정이 아니라 구조의 문제라는 태도가 두드러진다. 꿈을 말함으로써 동료를 끌어들이고, 공동의 비전이 불가능을 가능으로 바꾼다는 사실을 보여준다.

실전 적용 포인트

- 목표를 말할 때는 추상적 설명보다 선언적 문장이 훨씬 강력하다.
- 연설은 비전을 설명하는 시간이 아니라 비전을 점화하는 시간이다.
- 실패를 두려워하지 않는 태도는 '호기심'이 아니라 전략적 결단에서 나온다.
- 많은 청중 앞에서는 '목표 3~5개'의 명료한 구조가 설득 효과를 극대화한다.

"삼성은 다시 태어나야 한다"

이건희

2013년은 이건희의 '신경영 선언'이 발표된 지 20년이 되는 해였다. 삼성은 글로벌 초일류 기업으로 성장했지만, 전 세계적으로 경쟁은 더욱 치열해지고 있었다. 그는 구성원들에게 "지금의 성공에 안주하는 순간, 미래는 없다"는 메시지를 짧고 단단한 언어로 던졌다. 이 메시지는 한국 경영 담론 전체에 '지속적 위기 의식'과 '미래 혁신'이라는 패러다임을 새긴 대표적 스피치다.

연설문 발췌(직설, 현실 인식, 미래 지향 어조)

우리는 지난 20년 동안 많은 성과를 이루었습니다.

그러나 지금의 성과가

앞으로도 우리를 지켜줄 것이라고 생각하면 큰 착각입니다.

세계는 바뀌고 있습니다.

기술은 더 빨리 변하고,

경쟁자는 더 많아지고 있습니다.

우리가 잠시라도 멈추는 순간,

우리는 뒤처질 것입니다.

어제의 성공은 오늘의 발목을 잡을 수도 있습니다.

지금 필요한 것은

새로운 눈으로 세상을 보고,

과감하게 버리고, 다시 시작할 수 있는 용기입니다.

스스로 변화하지 않으면

누구도 우리를 대신해서

미래를 만들어주지 않습니다.

'마누라와 자식 빼고 다 바꿔라'고 했던 말은

지금도 유효합니다.

앞으로의 20년은 지난 20년보다 더 힘들 것입니다.

그러나 우리가 변화를 두려워하지 않는다면

우리는 다시 새로운 길을 만들 수 있습니다.

핵심 해설 Insight

이건희의 연설은 '변화의 절박함'을 직설적으로 드러낸다. 그는 현
실을 미화하지 않고, 위기의 본질을 직면하는 데서 혁신이 시작된다

고 강조한다. 그의 메시지는 늘 동일한 축을 가진다. 생각을 바꾸지 않으면 아무것도 달라지지 않는다는 단순한 진리다. 거친 표현 속에는 한국 기업문화의 한계를 깨뜨리려는 절실함이 있다. 그의 언어는 조직을 흔들어 깨우는 경고이자, 미래를 다시 설계하라는 요청이다.

실전 적용 포인트

- 조직을 움직이려면 현실에 대한 냉정한 진단이 먼저다.
- 변화를 촉구하는 스피치는 감정보다 결단적인 어조가 설득력을 얻는다.
- '버린다, 다시 시작한다'는 메시지는 혁신 서사의 가장 강력한 구조다.
- 미래에 대한 위기 의식은 비관이 아니라 창조적 에너지로 전환될 수 있다.

"당신의 도넛을 찾아라"

토요타 아키오

토요타자동차 사장이었던 토요타 아키오(豊田章男)는 2019년 사내 연설에서 젊은 엔지니어들에게 "자신의 도넛(donut)을 찾아라"는 독특한 비유로 문제 발견 능력의 중요성을 강조했다. 그의 메시지는 하나다. "남이 그려준 원 안에 갇히지 말고, 스스로 빈 공간을 발견하라."

연설문 발췌(잔잔하고 단정적이며 직관적인 리듬)

여러분, 도넛을 떠올려보십시오.

도넛에는 2가지가 있습니다.

겉에 보이는 둥근 빵, 그리고 가운데 비어 있는 공간.

많은 사람들이 겉모양만 보고 '완성되었다'고 말합니다.

그러나 진짜 중요한 것은 그 빈 공간입니다.

왜 비어 있을까?

무엇이 들어갈 수 있을까?

어떻게 새롭게 만들 수 있을까?

저는 엔지니어가 정답을 빠르게 찾는 사람이라고 생각하지 않습니다.
엔지니어는 답이 없다는 사실을 가장 먼저 발견하는 사람입니다.

토요타의 미래는
그 빈 공간을 먼저 보고
자신의 방식으로 채우려는,
여러분 같은 사람에게 달려 있습니다.

남이 그려준 도넛을 따르지 마십시오.
여러분의 도넛을 스스로 만드십시오.
그것이 혁신의 시작입니다.

핵심 해설 Insight

토요타 아키오의 연설은 '도전의 정체성'을 드러낸다. 그는 기술이나 성과보다 '왜 이 일을 하는가'라는 존재론적 질문을 앞세우며, 회사의 미래를 개인의 성장과 연결한다. 그의 언어는 겸손하지만 방향은 단호하다. 변화 앞에서 두려움은 자연스럽지만, 멈춤은 허용되지 않는다는 메시지다. 도전은 성과가 아니라 태도이며, 스스로 한계를 넘어서는 과정이 기업을 혁신으로 이끈다는 점을 강조한다.

실전 적용 포인트

- 연설에서 비유는 설명보다 훨씬 오래 기억된다.

- '빈 공간'이라는 개념은 문제 발견의 핵심 키워드로 활용된다.

- 기술, 경영 분야 연설은 정답이 아니라 질문을 던지는 방식이 더
  설득력을 높인다.

- 청중에게 '당신의 도넛은 무엇인가?'라는 개인 중심 질문을 던지
  면 행동을 유도할 수 있다.

"달려라, 멈추지 말라"

젠슨 황

엔비디아 CEO 젠슨 황은 GPU 혁신을 통해 AI 혁명을 촉발한 인물로 평가된다. 그의 연설은 기술 비전뿐 아니라, 실패, 집념, 집중의 태도를 강조하는 '행동철학적 메시지'로 유명하다. 다음은 2023년 국립 타이완대학교 졸업식 연설문이다. 그는 "지금은 AI로 변화하는 시대, 그 중심에 여러분이 있다"고 역설했다.

연설문 발췌(대표 구절 기반)

지금 세상은 인공지능이라는 거대한 변곡점을 맞이했습니다.

AI는 의료, 금융, 운송, 제조를 포함한

모든 산업을 바꿔놓을 것입니다.

AI는 일자리를 없애기도 하지만,

동시에 새로운 일자리를 만들어냅니다.

우리가 설립한 엔비디아의 시작은 실패였습니다.

그러나 그 실패를 솔직히 인정하고, 도움을 구함으로써

우리는 다시 일어섰습니다.

2010년, 우리는 휴대폰 시장에서 성공을 거두었지만,

곧 그 시장을 '스스로 포기했습니다.'

대신 아무도 개척하지 않은 '제로 시장',

즉 '로봇과 자율주행 컴퓨터의 세계'를 선택했습니다.

그 선택은 결국 '새로운 산업의 탄생'으로 이어졌습니다.

전략적 후퇴와 희생, 그리고 버릴 줄 아는 결단이야말로,

진정한 성공의 핵심이었습니다.

여러분은 지금 'AI 혁명의 출발선'에 서 있습니다.

앞으로 모든 산업이 다시 태어날 것입니다.

그 변화의 중심에 설 사람은 바로 여러분입니다.

무엇을 하든, '걸어서 가지 말고, 달려가십시오.'

먹을 것을 찾아 달리든, 먹히지 않기 위해 달리든,

결국 중요한 것은 달리는 일입니다.

졸업생 여러분, 진심으로 축하드립니다.

이제 여러분의 시대가 시작되었습니다.

자, 앞으로 나아가세요.

핵심 해설 Insight

젠슨 황의 언어는 기술 연설이지만 본질은 '행동 연설'이다. 그는 'AI-스타트업-실패-집념'을 하나의 서사로 묶어 젊은 청중에게 '실천의 확신'을 부여한다. 미래를 확정적으로 예언하는 대신, '행동하는 자에게 기회가 열린다'는 규범적 메시지를 강조한다.

실전 적용 포인트

- 혁신 메시지는 기술에 대한 설명보다 행동 촉구가 중심이다.
- 젊은 청중일수록 실패의 재정의(실패=학습)가 강력한 설득이 된다.
- 핵심 문장은 짧고 명확해야 한다("달려라, 멈추지 마라").

6장

인간적 감성의 목소리

말은 인간이 인간에게 건네는 위로다

"왕관을 내려놓고, 마음을 건네다"

엘리자베스 1세

16세기 말, 엘리자베스 1세 치하의 잉글랜드는 왕실의 독점권 남발로 물가가 오르고 민심이 흔들리고 있었다. 1601년 의회에서는 이에 대한 집단 항의가 일어났고, 통치 말기의 여왕은 중대한 정치적 위기에 직면했다. 그 순간 엘리자베스는 강경책 대신 한 편의 연설로 의회 앞에 섰다.

이 연설이 '골든 스피치(Golden Speech)'로 불리는 이유는, 위기를 부정하거나 책임을 회피하지 않고 권력의 언어를 내려놓은 채 신뢰와 감사의 말로 갈등을 봉합했기 때문이다.

연설문 발췌(잔잔하고 진솔하며 관계 중심 어조)

그 어떤 보석이라도, 아무리 비싼 값을 치른다 해도

내가 이 보석, 즉 '여러분의 사랑'보다 앞세우는 것은 없습니다.

재물은 그 가치를 매길 수 있지만,

여러분의 사랑과 감사는 값을 매길 수 없는

무한한 가치를 지니기 때문입니다.

왕이 되어 왕관을 쓴다는 것은,

그것을 지켜보는 이들에게는 영광스러운 일일지 몰라도

그것을 쓰고 있는 이에게는 결코 즐거운 일이 아닙니다.

나는 여왕이라는 화려한 이름에 매료되기보다,

하느님이 저를 이 나라를 지키는 도구로 삼으셨다는 사실에

더 큰 기쁨을 느꼈습니다.

저는 단지 탐욕스럽게 움켜쥐는 군주가 아니었습니다.

내 마음은 세상의 재물이 아니라 오직 백성들의 안녕에만 가 있었습니다.

여러분이 내게 준 것은 결코 쌓아두지 않을 것이며,

오직 여러분을 위해 다시 돌려줄 것입니다.

나보다 더 조국을 사랑하고 백성을 아끼며,

여러분의 안전을 위해 기꺼이 목숨을 던질 군주는

이 자리에 다시는 앉지 못할 것입니다.

내 통치가 여러분에게 유익하지 않다면,

나는 단 하루도 더 왕좌에 머물고 싶지 않습니다.

핵심 해설 Insight

엘리자베스 1세의 '골든 스피치'는 권력으로 막을 수 없었던 정치적

위기를 감동으로 전환한 고전적 모델이다. 이 연설은 변명 대신 관

계 회복을 택하며, 통치의 근간을 권력에서 신뢰와 사랑으로 이동시
킨다. 그래서 정치적 수습을 넘어 인간적 설득의 모범으로 남는다.

실전 적용 포인트

- 연설의 감동은 정보량이 아니라 정서 체류 시간에서 나온다.
- 리더의 말은 '무엇을 했는가'보다 '누구와 함께였는가?'를 말할 때 깊어진다.
- 감사의 언어는 권위를 약화시키지 않고, 오히려 품격을 완성한다.
- 조용한 말은 설득을 강요하지 않지만, 오래 남는다.

"문학은 인간을 이해하는 길이다"

펄 벅

미국 여성 최초로 노벨문학상을 수상한 펄 벅은 어린 시절과 청년기 대부분을 중국에서 보냈다. 그녀의 작품은 동서양의 경계를 넘어 인간의 생명, 고통, 가족을 깊이 있게 다루었다. 1938년 노벨문학상 수상 연설에서 그녀는 문학의 사명은 명예가 아니라, "인간을 이해하려는 끝없는 노력"이라고 강조했다.

연설문 발췌(잔잔하고 인도적이며 사색적인 어조)

저는 오늘 이 자리에서

개인적 영예보다 더 큰 책임을 느낍니다.

문학은 작가의 재능을 드러내기 위한 것이 아니라

인간을 더 깊이 이해하기 위한 끊임없는 길이기 때문입니다.

제가 살아온 중국은 기쁨과 슬픔,

강인함과 연약함이 공존하는 곳이었습니다.

저는 그곳에서 인간이란 얼마나 비슷하면서도

얼마나 다른가를 배웠습니다.

작가의 임무는 세상을 심판하는 것이 아니라,

세상이 느끼는 고통에 귀 기울이는 일입니다.

우리는 사람들을 하나로 묶는

보편적 정서(사랑, 희망, 두려움)를

있는 그대로 포착해야 합니다.

노벨상이 제게 준 가장 큰 의미는

명예가 아니라 더 넓은 인간 이해를 향한 여정에

계속 나아가라는 요청입니다.

핵심 해설 Insight

문화와 인간을 바라보는 깊은 공감에서 출발한다. 그는 서로 다른 배경을 가진 사람들이 어떻게 이해와 존중을 통해 연결될 수 있는지를 조용하지만 단단한 어조로 강조한다. 이야기의 중심에는 언제나 '보통 사람들의 삶'이 있으며, 그들의 경험이 세계를 설명하는 가장 중요한 언어임을 보여준다. 결국 그의 메시지는 인간을 이해하는 일이 곧 세상을 이해하는 길이라는 통찰로 이어진다.

실전 적용 포인트

- 연설은 조용해도, 메시지가 깊으면 훨씬 오래 남는다.
- 예술, 문학 분야 연설은 '자기 자랑'보다 사명 선언문에 가까울 때 강력하다.
- 특정 민족, 국가 이야기를 하더라도 결국은 보편적 인간성으로 연결해야 청중의 공감을 얻는다.
- 차분한 어조는 감정적 울림을 약화시키지 않고, 오히려 더 깊게 스며든다.

"실패는 상상력의 출발점이다"

조앤 롤링

세계적인 베스트셀러 작가 조앤 롤링의 젊은 시절은 실패, 빈곤, 불안으로 가득했다. 2008년 하버드대학교 연설에서 그녀는 성공담보다 실패가 가르쳐준 진짜 가치를 이야기하며, 삶의 방향을 잃은 청년들에게 새로운 관점을 제시했다.

연설문 발췌(따뜻함, 유머, 직설적 어조)

여러분, 저는 오늘 성공이 아니라

실패가 제게 준 선물에 대해 이야기하고자 합니다.

젊은 시절 저는 가난했고, 두려웠고, 길을 잃었습니다.

그러나 그때 저는 제가 정말로 원하는 것이 무엇인지

처음으로 분명하게 볼 수 있었습니다.

실패는 제 인생에서 불필요한 것들을 모두 떨어뜨렸고,

저를 본래의 모습으로 돌아가게 했습니다.

그때 저는 글을 썼고,

그 글쓰기가 제 삶을 다시 세웠습니다.

또 하나 말씀드리고 싶은 것은 상상력의 힘입니다.

상상력은 예술가만의 것이 아닙니다.

상상력은 우리가 다른 사람의 고통 속으로 들어가

그들의 입장에서 세계를 바라보게 해줍니다.

여러분이 어떤 길을 걷든,

실패를 두려워하지 마십시오.

그리고 상상력을 잃지 마십시오.

그 2가지가 여러분을

더 넓은 세계로 이끌어줄 것입니다.

핵심 해설 Insight

실패의 상처를 숨기지 않고 '상상력의 힘'을 되살리는 데 초점을 둔
다. 그는 밑바닥의 경험이 오히려 삶을 재구성하는 기반이 되었으
며, 상상력은 현실을 도피하는 도구가 아니라 타인의 고통을 이해할
수 있는 윤리적 능력이라고 말한다. 담담한 고백과 유머가 어우러져
청중이 스스로의 삶을 다시 바라보게 하고, 좌절을 가능성으로 전환
하는 내적 힘을 깨운다.

- 실패 경험은 연설에서 가장 큰 신뢰 자산이다.
- 자기 고백은 '동정심'이 아니라 '공감, 용기'를 불러일으킬 수 있다.
- 상상력을 '창작'이 아닌 '윤리'로 확장시키면 메시지가 더 깊어진다.
- 성공 연설보다 실패 연설이 훨씬 오래 남는 이유는 진정성 때문이다.

"너 자신을 말하라"

RM(김남준)

2018년, BTS는 유엔 '무한 세대(Generation Unlimited)' 행사에서, 전 세계 청년을 대표해 연설자로 초청되었다. 그 중심에는 리더 김남준(RM)이 있었다. 그는 'K팝 아이돌'이라는 이미지를 넘어, 한 청년이 자신의 목소리로 세계에 말하는 최초의 장면을 만들었다. 그의 메시지는 화려한 영웅 서사가 아니라 '나는 나 자신을 사랑하기 위해 노력하는 평범한 사람'이라는 고백이었다.

연설문 발췌(진솔함, 자기 고백, 청년 언어의 리듬 유지)

저는 김남준입니다.

BTS의 RM이기도 하지만,

가장 먼저 저는 작은 도시에서 자라

평범하게 꿈꾸던 한 소년이었습니다.

어릴 때의 저는 제 자신을 사랑하지 못했습니다.

다른 사람의 기준에 저를 맞추려 했고,

제가 누구인지조차 모를 때가 많았습니다.

그러나 어느 순간 저는 깨달았습니다.

저 자신에게 솔직해지지 않으면

그 누구도 저를 대신해

나의 삶을 살아줄 수 없다는 것을.

그래서 저는 저의 실수, 저의 상처, 저의 부족함을

있는 그대로 받아들이기 시작했습니다.

여러분도 자신에게 말해 주길 바랍니다.

'나는 내 이름을 부를 수 있다.'

누군가가 아닌, 내가 선택한 나 자신을 말할 수 있다고.

여러분이 누구든, 어디에서 왔든,

여러분의 목소리는 세상을 바꿀 수 있습니다.

나를 사랑하는 일은 결코 완성되지 않습니다.

그러나 나는 계속 나아갈 것입니다.

당신 자신을 말하세요(Speak yourself).

핵심 해설 Insight

청년 세대의 불안과 가능성을 동시에 끌어안는다. 그는 스스로의 혼란과 약함을 숨기지 않음으로써, 완벽함이 아니라 '자기 이해'에서 성장이 시작된다고 말한다. 간결하고 솔직한 언어는 듣는 이들이 자신의 목소리를 다시 찾게 만든다. 자신을 사랑하는 일이 개인의 해방을 넘어 서로의 존재를 존중하는 공동체로 나아가는 출발점이라는 믿음에 닿아 있다.

실전 적용 포인트

- 자기 고백은 약점이 아니라 신뢰의 원천이 될 수 있다.
- '나는 누구인가?'라는 질문을 던지는 스피치는 시대정신을 자극한다.
- 청중을 설득하려면 먼저 자신과의 화해가 필요하다.
- 마지막의 짧고 간결한 상징적 문장("당신 자신을 말하세요")은 메시지의 국제적 확산에 가장 강력한 도구다.

"새로운 시작의, 시작의 시작이다"

아더 H. 도어

1978년 5월 20일, 미국 웨스트플로리다대학교 시상식. 지역의 지성 공동체가 모여 새로운 전통을 세우던 시기였고, 아더 H. 도어 (Arthur H. Doerr) 부총장은 '한 대학의 탄생과 정신'을 우화 형식으로 압축한 독특한 연설을 남겼다. 그의 연설은 '대학이란 무엇인가'에 대한 철학적 선언이자, 공동체 정신을 일으켜 세운 영감의 문장으로 평가받는다.

연설문 발췌(짧은 서사시 형식)

푸른 숲과 바다가 있는 아름다운 땅

사람들은 성실히 살아가지만,

마음속에는 늘 설명할 수 없는 결핍이 있었습니다.

"우리의 정신을 밝히는 빛이 필요하다."

그러자 어디선가 작은 목소리 하나가 속삭였습니다.

"대학을 세웁시다."

그 속삭임은 곧 메아리가 되고, 메아리는 외침이 되고,

외침은 공동체 전체의 합창이 되었습니다.

사람들은 언덕 위에 건물을 세우고,

새로운 배움의 터전을 만들었습니다.

이것은 '시작의 시작'이었습니다.

세월이 흘렀고 대학은 활기를 띠었습니다.

학생들은 배우고, 교수들은 가르치고,

예술가와 과학자는 창조했습니다.

그러나 어느 순간 공동체 안에 나태, 탐욕, 무책임이 스며들며

'종말의 시작'이 모습을 드러냈습니다.

그러나 세상 곳곳에서 대학의 졸업생들이

정의, 예술, 과학, 교육, 헌신, 공직, 군 복무 등

각자의 자리에서 빛을 발하며 대학의 가치를 증명했습니다.

이것은 '새로운 시작의, 시작의 시작'입니다.”

핵심 해설 Insight

'시작하는 용기'를 일깨우는 데 초점을 맞춘다. 그는 인생의 결정적 순간은 거창한 계획이 아니라, 지금 이 자리에서 첫걸음을 내딛는 행동에서 비롯된다고 말한다. 담백한 어조 속에 '오늘은 시작의 시

작'이라는 철학이 흐르며, 완성보다 출발을 중시하는 태도가 청중에게 큰 해방감을 준다. 변화는 준비가 아니라 실행에서 시작된다는 단순하고도 강력한 진리다.

실전 적용 포인트

- 교육은 건물보다 정신의 건축이라는 점을 강조한다.
- 공동체는 언제든 타락할 수 있지만, 실천하는 개인이 공동체를 구한다는 진리를 설파한다.
- '시작-종말-재시작'이라는 순환 구조 속에서 가장 강력한 힘은 인간의 선택과 행동이라는 점을 강조한다.
- 대학의 존재 이유는 졸업장에 있는 것이 아니라, 세상을 살아가는 사람들의 삶 속에서 증명된다는 선언이다.

"평화는 작은 사랑에서 시작된다"

테레사 수녀

1979년 노벨평화상 시상식에서 테레사 수녀는 가난을 '돈이 없는 상태'가 아니라 '사랑받지 못하는 상태'로 규정하며, 평화는 거창한 정치 시스템이 아니라 '가정과 이웃의 작은 사랑'에서 시작된다고 말했다. 그녀는 세상이 겪는 가장 깊은 고통은 고독과 무관심이며, 한 사람의 미소와 작은 배려가 폭력과 가난의 악순환을 끊는 첫걸음이라고 강조했다. 그녀의 연설은 그 어떤 이념과 정책보다 사랑의 실천이 인간을 구한다는 단순하지만 강력한 메시지를 전 세계에 던졌다.

연설문 발췌

저는 이 상을

가장 가난하고, 가장 사랑받지 못하며,

가장 고통받는 사람들을 대신해 받습니다.

이들은 우리에게 사랑을 가르치는 존재입니다.

오늘날 세상에서 가장 큰 가난은 배고픔이 아닙니다.

그것은 원치 않는 존재로 여겨지고,

사랑받지 못하고, 돌봐줄 사람이 없다는 외로움입니다.

평화는 회의장에서 시작되지 않습니다.

평화는 가정에서 시작됩니다.

서로에게 미소를 건네는

그 작은 사랑에서 시작됩니다.

평화는 미소에서 시작됩니다.

우리는 위대한 일을 할 수 없습니다.

그러나 우리는 큰 사랑으로

작은 일을 할 수 있습니다.

하느님이 우리에게

가장 가난한 사람들을 보내시는 이유는

우리가 그들에게 필요해서가 아니라,

우리가 사랑을 배우기 위해서입니다.

핵심 해설 Insight

거대한 평화 논의보다 인간의 '기본적 존엄'을 회복하는 데 초점을 둔다. 그녀는 가난의 본질을 물질이 아니라 사랑의 결핍으로 규정하며, 평화는 국가적 협상이 아니라 일상 속 작은 배려에서 시작된다고 말한다. 담담한 어조이지만 메시지는 단호하다. 누군가를 사랑하고 돌보는 행위가, 세상을 변화시키는 가장 직접적이며 즉각적인 힘이라는 것이다. 그녀의 언어는 도덕적 명령이 아니라 인간의 본성을 일깨우는 초대에 가깝다.

실전 적용 포인트

- 평화, 연대, 공감의 메시지는 '크게 말하는 것'보다 일상의 작은 사례로 설득력이 생긴다.
- 가난, 고통 같은 추상적 개념은 '사랑의 부재'처럼 인간의 경험과 연결해야 공감을 얻는다.
- 도덕적 메시지를 말할 때는 강요보다 '초대형 어조'가 가장 효과적이다.
- 연설의 힘은 규모보다 진정성이다. 작은 이야기 하나가 큰 정치적 언어보다 오래 남는다.

"모든 책은 새로운 시작이어야 한다"

어니스트 헤밍웨이

어니스트 헤밍웨이는 노벨문학상 수상 연설에서 자신의 문학관을 '인간의 고독한 투쟁과 품위'라는 키워드로 설명했다. 또한 《노인과 바다》의 메시지를 반영해, 인간이 얼마나 고통 속에서도 존엄을 지켜낼 수 있는지를 강조했다.

연설문 발췌(수상 연설 톤)

저에게는 연설하는 재능도, 웅변술이나 수사 능력도 없지만,

노벨상 위원들의 호의에 감사드리고 싶습니다.

작가로서의 삶은, 최상의 상태에서조차 고독한 삶입니다.

작가들을 위한 조직은 일시적으로는 작가의 고독을 덜어주겠지만,

그것이 작가의 창작 행위까지 진작시켜줄지는 의문입니다.

작가는 자신의 고독을 저버림으로써

공적인 위상을 높이기도 하지만,

그러다 종종 작품의 질이 떨어지는 결과를 낳기도 합니다.

그의 작업은 오로지 혼자서 할 수밖에 없기 때문이며,

그가 만약 훌륭한 작가라면,

그는 영원한 고독 혹은 영원한 고독이 주는

결핍과 매일매일 마주해야 합니다.

진정한 작가에게 있어, 모든 책은 새로운 시작이어야 합니다.

그는 늘 도달할 수 없는 무언가를 위해,

다른 이들이 시도했으나 실패했던 것을 위해 다시 시도해야 합니다.

그리고 가끔, 엄청난 노력 끝에,

그는 해낼 수 있을 것입니다.

훌륭하게 쓰인 다른 작품의 방식을 따르는 것만으로

문학 작품을 쓸 수 있다면 얼마나 간단할까요.

하지만 우리는 지난 시대의 위대한 작가들이

그가 갈 수 있는 가장 먼 곳,

그 누구도 도와줄 수 없는 곳까지

자신을 끌고 갔다는 사실을 잘 알고 있습니다.

핵심 해설 Insight

단순하지만 '강철 같은 감정의 밀도'를 갖는다. 그는 장식적 수사를
배제하고, '존엄 – 투쟁 – 고독'이라는 핵심 정서를 직선적으로 전달

한다. 감성 연설의 모범이자 메시지를 감정의 과잉 없이 전달하는
법을 보여준다.

실전 적용 포인트

- 감성의 언어는 '길이'보다 '정서의 농도'가 중요하다.
- 군더더기 없는 문장은 더 강한 감동을 준다.
- 메시지를 한 단어로 요약할 수 있어야 한다(존엄, 투쟁, 인간).

7장

리더십의 경계

극한의 순간, 말은 운명을 가른다

"완전한 승리밖에 없다"

드와이트 아이젠하워

1944년 6월 6일, 노르망디 상륙작전(D-Day)의 총사령관 드와이트 아이젠하워는 역사상 가장 중요한 군사작전 중 하나를 이끌었다. 출정 전 병사들에게 낭독한 짧지만 강렬한 메시지는 전쟁 연설의 전형으로 평가된다.

연설문 발췌

연합 원정군의 장병 여러분!

여러분은 이제 우리가 수개월 동안 염원해 온

위대한 십자군 원정에 나서게 되었습니다.

전 세계의 눈이 여러분에게 쏠려 있습니다.

자유를 사랑하는 모든 사람들의 희망과 기도가

여러분과 함께합니다.

다른 전선에서 용감하게 싸우는

우리의 동맹국, 전우들과 함께

여러분은 독일의 전쟁 기계를 파괴하고,

유럽의 민족들을 억압하던 나치의 폭정을 종식하며,

자유세계에서 우리 자신의 안전을 쟁취할 것입니다.

당신의 임무는 결코 쉽지 않을 것입니다.

적은 훈련도 잘되어 있고, 장비도 잘 갖춰져 있으며,

전투 경험도 풍부합니다.

그들은 맹렬하게 저항할 것입니다.

하지만 지금은 1944년입니다!

1940년과 1941년 나치의 승리 이후

많은 것이 변했습니다.

전세가 역전되었습니다!

세계의 자유인들은 함께 승리를 향해 나아가고 있습니다!

나는 여러분의 용기와 임무에 대한 헌신,

그리고 전투 기술을 전적으로 신뢰하고 있습니다.

우리는 완전한 승리 외에는

어떤 것도 받아들이지 않을 것입니다!

행운을 빕니다!

핵심 해설 Insight

아이젠하워의 메시지는 명령이 아니라 '책임의 위임'이다. 그는 병사들의 두려움을 억누르지 않고, 그것을 '사명감'으로 전환한다. 군사적 정보를 늘어놓지 않고 '명확, 간결, 결의형 언어'로 사기를 끌어올린다.

실전 적용 포인트

- 긴박한 순간의 연설은 '간결 + 명령형 + 사명감'이 핵심이다.
- 모든 것을 말하려 하면 오히려 힘이 약해진다.
- 현장의 연설일수록 단일 메시지("우리는 완전한 승리를 할 것이다")가 필요하다.

"승리는 앞으로 걸을 때 온다"

조지 스미스 패튼

제2차세계대전의 전설적 장군인 미국의 조지 스미스 패튼은 1944년 병사들에게 전투의 본질은 '기술이 아니라 의지'라고 강조했다. 그의 연설 원문은 매우 거칠고 직설적인 군인 언어로 구성되어 있으나, 핵심 톤은 유지하되 표현은 문어적으로 세련되게 정제했다.

연설문 발췌(돌진, 강타, 명령형 어조)

병사들이여,

우리는 이 전쟁에서 반드시 승리할 것이다.

우리는 적이 아니라 시간과 싸우고 있다.

머뭇거리면 죽고, 앞으로 나아가면 산다.

나는 여러분이 '두려움이 없는 사람들'이라고 말하지 않겠다.

그러나 '두려움을 이기는 법을 아는 사람들'이라고 말하겠다.

전쟁은 완벽한 계획으로 이기는 것이 아니다.

움직이는 자가 이긴다. 기회가 보이면 잡고, 유리한 순간이면 밀어붙여라.

내가 원하는 것은 단 하나다.

'더 빨리, 더 멀리, 더 강하게' 전진하는 것.

승리는 머뭇거리는 자에게 오지 않는다.

기억하라.

미국인은 도망치지 않는다.

우리는 언제나 앞으로 나간다.

핵심 해설 Insight

전략 설명이 아니라 '전진하는 정신'을 주입하는 언어다. 그는 두려움을 부정하지 않고, 행동으로 돌파해야 한다고 강조한다. 그의 말은 논리보다 속도, 결단, 기세를 중시하며, 전쟁의 승패는 완벽한 계획이 아니라 움직임의 지속에 달려 있음을 설득한다. 멈추지 않는 태도 자체가 승리의 조건이라는 점을 병사들의 가슴에 각인시킨다.

실전 적용 포인트

- 결단형 연설은 감정을 달구는 짧은 문장 구조가 핵심이다.
- 두려움을 '부정'하지 않고 '전진의 에너지'로 바꿀 때 설득력이 최고조에 이른다.
- 군중을 고무하는 연설에는 반복, 명령형 조동사, 직설적 어휘가 효과적이다.

"민주주의는 승복에서 완성된다"

엘 고어

2000년 미국 대선은 플로리다 재검표 논란으로 승자가 확정되지 않은 채 36일간 혼란이 이어졌다. 대법원이 조지 W. 부시의 승리를 결정하자, 엘 고어는 극도로 분열된 정치 상황에서도 국가의 안정을 위해 승복을 선언했다. 이 연설은 민주주의 절차를 존중한 '품위 있는 양보'의 상징으로 남았다.

연설문 발췌

나는 오늘 이 선거에서 패배를 인정합니다.

하지만 민주주의가 승리했다는 사실만은 분명히 말하고 싶습니다.

우리는 법을 존중하기로 한 국민입니다.

나 역시 헌법과 대법원의 결정을 받아들입니다.

미국은 분열을 원하는 나라가 아닙니다.

이제 우리는 하나의 국민으로서 앞으로 나아가야 합니다.

부시 당선자에게 축하를 보냅니다.

그가 성공하길 바랍니다.

그의 성공이 곧 나라의 성공이기 때문입니다.

제가 오늘 드리는 마지막 말은 이것입니다.

우리 민주주의는 여전히 강하고, 앞으로도 강할 것입니다.

핵심 해설 Insight

승복 연설이 아니라 민주주의의 원리를 재확인하는 언어다. 그는 법과 제도의 결정을 받아들이는 것이 패배가 아니라 공동체의 책임이라는 점을 명확히 했다. 감정 대신 절제와 품격을 선택함으로써 정치적 갈등을 완화하고 국가적 통합을 우선에 두었다. 지도자의 말 한마디가 분열을 멈추고, 나라의 방향을 바꿀 수 있다는 사실을 보여준다.

실전 적용 포인트

- 감정이 강한 순간일수록 절제, 간결, 품위가 핵심이다.
- 패배, 사과, 양해 연설의 목적은 '이유 설명'이 아니라 '공동체 안정'이다.
- 정치, 조직에서 리더의 한 문장이 갈등의 방향을 바꾼다.
- 상대의 성공을 기원하는 언어는 청중의 신뢰를 회복하는 가장 강력한 장치다.

"정치는 무자비하지만
일은 계속돼야 한다"

보리스 존슨

영국 총리였던 보리스 존슨은 각종 스캔들, 파티게이트 논란, 내각의 집단 사퇴로 인해 정치적 기반을 잃었다. 그는 더 이상 정부 운영이 불가능하다고 판단하고, 2022년 7월 총리직 사임을 선언했다. 연설에서 존슨은 개인적 감정보다 국가의 안정과 정부 기능의 지속을 우선한다고 강조했다.

연설문 발췌(솔직함, 속도감, 영국식 절제된 유머)

국민 여러분,

보수당 의원들이 저에게

새로운 지도자가 필요하다는 뜻을 분명히 전달했습니다.

물론 저는 이 결정을 서운하게 받아들일 수도 있습니다.

그러나 영국은 정치적 공백을 감당할 수 없습니다.

그래서 저는 오늘 보수당 대표직에서 물러나

새 지도자 선출 절차가 시작되도록 하겠습니다.

총리로서 지난 수년간 저는 브렉시트 완수, 팬데믹 대응,

그리고 국제사회에서 영국의 역할을 지키기 위해 최선을 다했습니다.

하지만 정치란 결국 누가 신뢰를 유지하느냐의 문제입니다.

그리고 지금 이 순간,

저는 그 신뢰를 충분히 얻지 못하고 있습니다.

그러므로 나라의 안정을 위해, 제가 물러나는 것이 옳습니다.

저는 새 지도자가 성공하길 진심으로 바랍니다.

영국은 위대한 나라입니다.

그리고 우리는 앞으로 어떤 어려움도 이겨낼 것입니다.

핵심 해설 Insight

패배를 인정하면서도 자신의 업적과 리더십을 동시에 회수하려는
전략적 언어다. 그는 '당의 뜻을 따른다'는 민주주의 원리를 강조하
며 물러나되, 브렉시트, 팬데믹, 우크라이나 지원 등 자신의 성과를
드러낸다. 사과나 회한보다 '나는 성과를 냈다'는 자기 프레임을 고
수하는 것이 특징이며, 특유의 유머와 리듬을 유지하면서도 정치적
현실을 받아들이는 균형을 보여준다. 물러나는 방식조차 자신만의
목소리로 재구성한 사례다.

실전 적용 포인트

- 퇴장 연설의 핵심은 이유를 설명하기보다 '명예로운 퇴장'을 하는 것이다.
- 업적을 반복하는 구조는 리더의 이미지를 보존하는 강력한 기술이다.
- 사과와 변명보다 '민주주의 원칙 수용'이 청중의 신뢰를 회복한다.
- 사임 순간에도 고유한 말투(유머, 리듬)를 유지하면 '브랜드형 연설자'로 남는다.

"최고의 인재가 나라를 만든다"

리콴유

1993년, 싱가포르 국회에서 리콴유는 "최고의 인재를 공무원으로 끌어들이지 못하면 국가 경쟁력이 무너진다"는 논리를 펼쳤다. 급변하는 세계 속에서 소국이 생존하려면 작지만 강한 정부, 높은 공직 윤리, 정확한 보상체계가 필요하다는 싱가포르 모델의 핵심을 드러낸 연설이다.

연설문 발췌(연설체 리듬, 직설성 강화)

의원 여러분,

1965년 독립 당시 우리에게는 아무것도 없었습니다.

그때 우리가 선택한 길은 단 하나

최고의 인재로 정부를 만든다는 것이었습니다.

우리는 민간기업과 경쟁할 수 있는 보수를 제시해

가장 유능한 사람을 공직으로 불렀습니다.

그 결과, 작지만 강력한 실행력을 가진 정부가 탄생했습니다.

그러나 지금 상황이 달라졌습니다.

민간기업은 더 높은 보수와 더 빠른 기회를 제공합니다.

이 보수체계로는 더 이상

최고의 인재를 공무원으로 데려올 수 없습니다.

한 명의 유능한 고위공무원은

수천, 수만 명의 가치를 만들어냅니다.

싱가포르는 자원도, 넓은 땅도,

뒤에 숨을 산맥도 없는 나라입니다.

우리가 가진 자원은 오직 사람입니다.

그러므로 저는 말합니다.

공무원 보수체계를 과감하게 바꾸어

국가의 미래를 맡길 인재를 확보해야 합니다.

21세기는 무한경쟁의 시대입니다.

동맹도 순식간에 경쟁자가 될 수 있습니다.

우리가 준비하지 않으면, 우리를 대신할 나라는 많습니다.

의원 여러분, 싱가포르의 생존을 위해

현명한 결정을 내려주십시오.

핵심 해설 Insight

리콴유의 언어는 국가 경영자의 언어다. 그는 감정이 아닌 '논리, 사례, 비유'를 기반으로 작은 국가가 생존하기 위한 원리를 설명한다. 연설의 핵심 기술은 국가 현실의 정확한 진단, 인재 확보의 경제적 가치 제시, 단호한 반복("우리가 가진 자원은 사람이다"), 미래 경쟁 환경의 선제적 경고, 4가지다. 그의 말은 '공무원 보수 인상'이라는 민감한 주제를 국가 생존 전략으로 격상시키는 데 성공했다.

실전 적용 포인트

- 조직의 변화를 설득하려면 데이터보다 구조적 논리를 제시한다.
- 민감한 주제라도 '국가적 가치'로 확장하면 동의를 얻기 쉽다.
- 작은 나라, 작은 조직일수록 인재 전략은 존재 전략이 된다.

"진정한 행복은 단순함에서 온다"

호세 무히카

우루과이 전 대통령 호세 무히카는 '세상에서 가장 가난한 대통령'으로 불릴 정도로 소박한 삶을 살았다. 2012년 리우+20 정상회의에서 그는 지속가능발전의 진정한 의미를 묻고, 경제 중심의 발전 패러다임을 넘어 행복, 절제, 인간성의 가치를 세계에 던졌다. 이 연설은 현대 정치에서 가장 윤리적 메시지로 평가된다.

연설문 발췌(담백하고 철학적 톤 강화)

우리는 발전을 말합니다.

그러나 저는 묻고 싶습니다.

발전은 누구를 위한 것입니까?

우리는 끊임없이 더 많이 생산하고,

더 많이 소비해야 한다고 말해 왔습니다.

하지만 그 과정에서 행복을 잃어버리고 있다면,

그것이 과연 진정한 발전일까요?

우리의 삶은 돈을 위해 존재하지 않습니다.

우리가 돈을 벌기 위해 시간을 쓰는 순간,

우리는 우리의 삶을 소비하고 있는 것입니다.

소중한 시간, 사랑할 시간, 살아갈 시간을요.

지구의 자원은 한계가 있습니다.

그런데 우리는 끝없는 욕망을 전제로

경제를 설계해 왔습니다.

이 모순을 해결하지 않는 한

지속 가능한 미래는 오지 않을 것입니다.

진정한 행복은 단순함에서 옵니다.

다른 사람과 공유하는 삶, 자신이 갖고 있는 것에

만족할 줄 아는 마음에서 옵니다.

우리는 더 적게 소유하고,

더 풍부하게 살아가는 길을 다시 찾아야 합니다.

핵심 해설 Insight

무히카의 연설은 경제, 환경 담론을 넘어 삶의 본질을 되묻는 철학적 언어다. 그는 발전과 번영이라는 말 뒤에 숨은 '소비 중심 문명'을 비판하며, 진정한 부는 소유가 아니라 '시간과 자유'에 있다고 말한다. 단순한 삶을 찬양하는 것이 아니라, 지속 가능한 미래를 위해 인간의 욕망 구조를 재설계해야 한다는 도전적 메시지다. 정치 연설보다 삶의 성찰에 가까운 담백함이 세계인의 마음을 흔들었다.

실전 적용 포인트

- 철학적 메시지는 복잡한 개념보다 '짧은 정의형 문장'으로 가장 강하게 남는다.
- 환경과 경제 문제도 삶의 방식과 연결하면 설득력이 높아진다.
- '질문을 던지는 방식'은 청중의 생각을 깨우는 강력한 기술이다.
- 담백한 문체는 오히려 단단한 비판의 힘을 키운다.

말의 전선에 서다

- 글로벌 시위 연설

거리에서 태어난 말, 세계를 깨우다

　거리의 함성은 언제나 시대의 진실을 가장 먼저 드러낸다. 수많은 사람들이 모여 하나의 목소리를 향해 팔을 들어 올릴 때, 그 순간 '한 시대의 양심'이 살아난다.

　시위의 언어는 계획된 정치 연설과 다르고, 강단 위에서 낭독되는 문어체와도 다르다. 거리의 언어는 숨이 가쁘고, 목이 갈라지며, 때로 울음과 분노가 뒤섞인다. 그러나 바로 그 거칠고 살아 있는 말 속에, 우리가 잃어버린 것에 대한 절박함과 정의에 대한 본능적 갈망이 깃들어 있다.

　21세기 들어 세계 곳곳의 시위는 더 이상, 한 도시의 문제가 아니다. SNS의 실시간 연결은 홍콩의 외침을 서울까지, 미얀마의 절규를 뉴욕까지, 칠레의 노래를 파리까지 전달한다. 이제 시위 연설은 지역을 넘어선 '글로벌 언어'가 되었으며, 특정 국가의 시민이 아니라 '세계 시민 전체에게 말을 거는 형식'으로 진화했다. 한 장면, 한 구호, 한 문장이 국경을 넘어 퍼지며, 어떤 연설보다도 빠르게 사람들의 마음을 깨운다.

　세계의 시위 연설은 매우 다른 문화적 배경을 가졌음에도, 공통적으로 한 가지를 향하고 있다. 그것은 바로 '인간의 존엄을 지키려는 목소리'다. 어떤 나라에서는 자유를, 어떤 나라에서는 인권을, 어떤 나라에서는 생존 그 자체를 요구한다. 하지만 그 중심에 있는 것은 모두 '우리는 인간이다, 그리고 인간답게 살고 싶다'는 외침이다.

　이 목소리들은 '저항의 문화', 그리고 '희망의 기술'이다. 거리에서 울려 퍼진 말은 정부를 흔들고, 슬픔을 위로하며, 전 세계 시민의 마음을 묶는다. 그 말들의 힘, 그 말들이 만들어낸 장면, 퍼포먼스를 되짚어본다.

　시위 연설은 잘 말하느냐의 문제가 아니라 진실과 간절함이다. 이제 우리는 세계의 광장으로 걸어가 시대를 울린 목소리를 다시 듣고, 우리에게 던지는 질문을 마주한다.

1장
세계의 거리에 울려 퍼진 말

세계 시위 연설 비교 분석

5개국 저항의 언어, 그 구조와 전략을 읽다

거리에는 언제나 가장 솔직한 언어가 흐른다. 권력에 눌린 사회일수록 광장은 숨을 쉬기 위해 말을 찾는다. 역사의 어느 날, 어느 도시는 늘 같은 질문 앞에 섰다.

"우리는 침묵할 것인가, 아니면 말할 것인가?"

시위 연설은 '두려움과 희망이 동시에 진동하는 집단의 심장박동'이며, 시민 스스로 공동체의 미래를 선언하는 순간이다. 미국, 한국, 홍콩, 미얀마, 프랑스 5개국의 시위 연설을 비교해 보고, 저항의 말이 어떤 구조와 리듬으로 사람들을 일으켜 세우는지 살펴본다.

시위 연설의 3대 공통 구조

각국의 시위 연설은 서로 다른 문화권에서 태어났지만, 놀랍게도 '한 가지 공통 구조'를 따른다. 이 3대 구조만으로 시위 연설의 절반이 완성된다.

문제 제기 : 왜 우리는 여기 있는가?

가장 먼저 현실의 고통을 드러낸다. 모호한 진단이 아니라, 모두가 체감하는 구체적 상황을 직설적으로 제시한다.

가치 선언 : 우리가 지키려는 것은 무엇인가?

억압에 맞서는 시민의 윤리, 정의, 자유의 이유를 명확하게 밝힌다. 이 단계에서 연사는 군중에게 공감, 분노, 연대의 감정을 불어넣는다.

행동 촉구 : 우리는 지금 무엇을 해야 하는가?

마지막은 반드시 행동으로 이어진다. '멈추지 말자', '함께하자', '미래를 바꾸자'와 같은 리듬 중심 문장이 주로 사용된다.

5개국 시위 연설 비교

미국 – '나는 숨을 쉴 수 없다(I Can't Breathe)'

조지 플로이드 사건 이후 미국의 광장은 분노와 슬픔의 파도로 뒤덮였다. 미국 전역에서 BLM 시위(Black Lives Matter, 흑인의 생명은 중요하다)가 일어났다. 지도자는 없었지만, 연설자들은 모두 공통된 어휘를 사용했다. 이 연설의 특징은 다시 묻기다. '나는 숨을 쉴 수 없다'라는 문장을 반복할수록 군중의 감정은 하나의 파동이 된다.

문제 제기 우리는 매일 죽음을 두려워하며 살아왔다.

가치 선언 흑인의 생명은 인간의 존엄 그 자체다.

행동 촉구 무릎을 세우자! 침묵을 거부하자!

한국 – 1987년 6월항쟁

서울 시청 앞을 메운 인파 속에서 울려 퍼진 시민 연설은 짧지만 강력했다. 한국 시위 연설은 함께 울고 함께 일어서는 '정서적 결합'의 공동체 형성이 강점이다.

문제 제기 군홧발 아래 짓눌린 우리 삶을 더는 외면할 수 없다.

가치 선언 우리가 원하는 것은 단지 '선거'가 아니라 '존엄'이다.

행동 촉구 오늘 이 광장의 용기가 내일의 역사를 바꾼다!

홍콩 – 2019년 시위

홍콩 시민들은 스스로를 '물처럼 흐르는 사람들(Be Water)'이라고 불렀다. 홍콩 시위 연설의 핵심은 '비유적 언어'다. '물처럼 흘러라', '불꽃처럼 번져라'와 같은 이미지 중심 문장은 짧지만 상징적이다.

문제 제기 우리가 잃어가는 것은 도시가 아니라 자유다.

가치 선언 우리의 정체성은 두려움이 아니라 용기다.

행동 촉구 흩어지고, 모이고, 다시 일어서라!

미얀마 – 2021년 유엔 대표 닥터 사사의 국제 연설

군부 쿠데타 이후, 그는 유엔에서 단 한 문장으로 세계의 시선을 끌었다. 이 연설의 강점은 '도덕적 호소력'이다. 국내 군중을 넘어 세게 시민에게까지 책임을 묻는다.

문제 제기 지금 미얀마는 군의 총구 아래 신음하고 있다.

가치 선언 우리는 민주주의를 선택했고, 그 선택은 빼앗길 수 없다.

행동 촉구 국제사회여, 우리를 외면하지 말라!

프랑스 – 노란 조끼(Gilets Jaunes) 시위

경제, 사회적 불평등에 반대하는 프랑스 시위 연설은 논리적이다. '문제 – 원인 – 해결' 구조가 명확하며, 언어는 '짧고 단단한 직설문'이 특징이다.

문제 제기 우리는 더 이상 가난의 대가를 혼자 지불할 수 없다.

가치 선언 공정과 존엄은 시민의 최소한의 권리다.

행동 촉구 프랑스여, 깨어나라!

5개국 연설의 핵심 비교

구분	언어 특징	전략	감정 톤
미국	반복, 리듬	분노, 존엄	비통 + 결의
한국	공동체 정서, 비유	연대, 희망	뜨거움, 기백
홍콩	이미지 중심 은유	자유, 정체성	침착한 용기
미얀마	국제적 도덕 호소	책임, 정의	절박함, 신념
프랑스	논리적 구조, 간결	공정, 시민 권리	절도 있는 분노

시위 연설에 힘을 불어넣는 언어 기술

후렴구 – 기억을 꿰는 바늘 '나는 숨을 쉴 수 없다'처럼 반복되는 문장 하나가 시위 전체의 상징이 된다.

2단 비유 홍콩의 '물처럼 흘러라'와 같이 구체적 이미지에서 추상적 가치로 상승하는 방식이 효과적이다.

공동체 언어 '나'보다 '우리'가 더 멀리 간다. 연대는 말 속에서 만들어진다.

감정의 호흡 조절 분노 → 비전 → 행동이라는 감정 온도의 변화가 대중을 움직인다. 말은 마음을 깨우고, 마음은 사람을 모으며, 사람은 세상을 움직인다. 이것이 시위 연설이 역사를 바꾸는 3단계다.

광장에서 외치는 말은 종이에 적힌 문장이 아니다. 그것은 두려움을 넘어선 용기, 분노를 넘어선 연대, 절망을 넘어선 희망이다. 그러므로 시위의 언어는 곧 행동이다. 말의 구조를 읽으면, 민중이 왜 일어났는지, 무엇을 꿈꾸며 어디로 향하는지를 더 깊이 이해할 수 있다.

SHOW-DO-FIX 실전 훈련

SHOW - 실제 사례 분석

실제 시위 현장에서 가장 많이 등장하는 '3단 선언문' 패턴

실제 사례(홍콩 우산혁명 구호 재구성)

"우리는 자유를 요구한다.

우리는 침묵하지 않는다.

우리는 함께 나아간다."

분석 포인트

- 주어(우리) 반복 → 집단적 정체성 강화
- 3문장 구조 → 리듬감, 기억성 확보
- 동사 중심(요구한다, 침묵하지 않는다, 나아간다) → 행동의 어휘
- 문장이 짧고 단순 → 군중 환경에서 즉시 전달 가능

DO - 같은 구조로 나의 선언문 만들기

아래 빈칸을 채워 나만의 3문장 구호를 작성해 보자.

1. 우리는 ___________________________.
2. 우리는 ___________________________.
3. 우리는 ___________________________.

작성 원칙

- 문장당 7~11음절이 가장 효과적이다.
- 동사형으로 끝낼 것.
- 추상적 단어보다 구체적 감정, 행동을 넣을 것.
- '희망, 분노, 연대'를 균형 있게 배치하면 좋다.

FIX - 잘못된 구호 수정

"우리는 더 나은 미래를 원합니다."(길고, 행동성이 약하다)

→ "우리는 미래를 만든다."

"우리는 부당한 대우에 대해 강력히 규탄하고 이에 대해 목소리를 낼 것입니다."(길고 군중 환경에 부적합)

→ "우리는 부당함에 맞선다."

"우리는 절망하지 않고 희망을 선택하며 모두의 행복을 소망한다."(목록 형태로 늘어져 리듬이 사라짐)

→ "우리는 희망을 선택한다."

오늘의 핵심 훈련 목표

- 거리 언어는 짧고 반복적이며 집단 행동을 촉발해야 한다.
- '우리 + 동사' 패턴은 가장 단순하면서도 강력하다.
- 잘못된 구호를 고쳐보는 과정이 시위 연설 감각을 빠르게 키우는 핵심이다.

시위 연설에 인용된 시

말의 전쟁터에서 깊은 울림을 준다

광장은 언제나 '말의 전쟁터'이지만, 그 가운데 가장 깊은 울림을 주는 것은 '시(詩)'다. 시위 연설에서 시가 등장하는 순간, 군중의 호흡은 달라지고, 분노는 언어의 형식을 얻고, 희망은 목소리를 갖는다.

왜 사람들은 위기의 순간 '시'를 꺼내는가? 왜 전 세계의 시위대가 서로 다른 언어로 같은 시를 인용하는가?

중국 베이다오(北島)의 시 〈대답〉과 미국 마야 안젤루의 시 〈그래도 나는 일어서리라〉를 중심으로, 저항시가 시위 연설에서 어떻게 작동하는지를 구체적으로 분석한다.

'집단 감정'을 한 문장으로 압축하는 언어

시위 연설은 대체로 짧고 즉흥적이지만, 핵심 감정(분노, 두려움, 결의, 희망)은 매우 크고 복합적이다. 연설자가 자신의 감정을 모두 설명할 수 없을 때 시 한 구절이 '직접 전달'의 역할을 한다. 시는 구호이자 기도이고, 정체성이자 선언이 된다. 시가 가진 힘은 다음과 같다.

압축성 짧은 문장이 군중 전체의 마음을 관통한다.

상징성 누구나 각자의 경험으로 해석할 수 있다.

리듬감 구호처럼 따라 외치기 쉽다.

초국가성 문화, 국가를 넘어 공감대를 형성한다.

베이다오 〈대답〉

1976년 중국의 민주화 움직임 가운데 태어난 베이다오의 시 〈대답(回答)〉은, 오늘날까지 아시아, 유럽, 미국의 시위대가 가장 자주 인용하는 저항시 중 하나다.

핵심 구절

"비열함은 비열한 자들의 통행증이고,

고결함은 고결한 자들의 묘비명이다.

보아라, 저 도금한 하늘에,

죽은 자의 굽은 그림자 가득히 나부낀다.

너에게 고하노니, 세계여,

나는 ‒ 믿지 ‒ 않는다!

네 발 아래 천 명의 도전자가 있다면

나를 천한 번째 도전자로 생각하라."

시위 연설에 쓰이는 이유

• 억압에 맞서는 최소한의 주체성

〈대답〉에서 반복되는 "나는 믿지 않는다"라는 선언은, 독재, 강압, 부당함 속에서 시민이 끝까지 지킬 수 있는 마지막 선택을 상징한다. 시위 연사들은 이 구절을 통해 군중에게 '우리는 아직 판단하고 거부할 수 있다'는 메시지를 전달한다.

• 양가감정의 정직한 표현

이 시는 분노만을 외치지 않는다. 세계를 향한 기대와 좌절, 사랑과 거부가 동시에 존재한다는 것을 드러낸다. 이러한 정직함이 시위대의 복합적인 감정을 대변하며, 과도한 선동 대신 도덕적 설득력을 얻는다.

• 단문의 리듬

짧고 반복 가능한 문장 구조는 낭송과 구호에 적합하며, 개인의 고백을 집단의 선언으로 전환한다.

실제 연설 활용(해석 · 응용 사례)

베이다오의 〈대답〉은 혁명을 외치지 않는다. 다만, 거짓을 믿지 않겠다는 한 문장으로 시민의 존엄을 지켜낸다.

홍콩 시위(2019)

"오늘 우리에게 남은 것은 단 하나입니다.

거짓을 믿지 않겠다고 말할 권리입니다."

한국 대학가 촛불집회(2016)

"베이다오는 '나는 믿지 않는다'고 말했습니다. 오늘 우리는 그 거부

의 언어로, 다시 판단하는 시민이 되려고 합니다."

　(위 사례는 〈대답〉의 핵심 정신을 연설 언어로 재구성한 활용 예다.)

마야 안젤루 〈그래도 나는 일어나리라〉

흑인, 여성, 가난, 폭력이라는 다중 억압을 겪은 마야 안젤루는

1978년 시 〈그래도 나는 일어서리라(Still I Rise)〉에서 인간이 가진

가장 근원적인 힘, 즉 '일어서는 능력'을 선언했다.

핵심 구절

"나를 진흙 속에 짓밟을지라도,

나는 먼지처럼 다시 일어설 것이다.

나는 노예의 꿈이자 희망이다.

나는 일어나리라.

나는 일어나리라.

나는 일어나리라."

시위 연설에 쓰이는 이유

• 자존의 언어, 존엄의 회복

시위는 '무너진 존엄을 되찾는 행동'이다. 이 구절은 억압을 당한 시민에게 다시 일어설 용기를 부여한다.

• 리듬감 있는 반복 구조

"나는 일어나리라"는 후렴구처럼 반복된다. 수십만 명의 군중이 동시에 외치기에 적합한 언어다.

• 희망과 분노를 동시에 담는 이중 감정의 시학

분노를 인정하면서도 '파괴가 아닌 상승의 에너지'로 승화시키는 구조가 탁월하다.

• 전 세계 시민운동과 연결되는 상징성

이 시를 인용하는 순간, 홍콩, 서울, 파리, 캘리포니아의 시위는 서로 연결된다. 억압의 얼굴은 다르지만, '일어서려는 인간의 움직임'은 동일하기 때문이다.

실제 연설 활용(해석 · 응용 사례)

미국 BLM 집회(2020)

"우리를 짓밟을 수는 있어도, 먼지처럼 우리는 다시 일어선다!"

프랑스 여성 인권 시위(2022)

"우리도 일어설 것이다. 우리는 그래도 일어설 것이다!"

공통 메시지

시인	시대/맥락	핵심 메시지	시위 연설에서의 효과
베이다오	독재, 억압	최소한의 저항 : "아니오"	주체성, 각성
마야 안젤루	인종, 성차별	존엄의 회복 : "일어나리라"	자긍심, 연대

두 시의 뿌리는 다르지만, 둘 다 마지막에 같은 지점을 향한다.

"사람은 쓰러질 수 있지만, 꺾이지 않는다."

이 메시지는 어느 국가, 어느 문화에도 적용된다.

왜 '시인의 말'을 가져오는가?

- 정서의 정확성 : 때로는 시인이 가장 정확한 감정 언어를 대신 찾아준다.

- 도덕적 권위 부여 : 문학은 정치적 논쟁을 초월하는 '윤리적 힘'을 갖는다.

- 집단적 암기와 낭송 : 수천 명이 동시에 외치기 쉬운 문장이다.

- 문화적 정체성의 확장 : 외국시를 인용하면 시위는 단지 국내 문제가 아니라, 보편적 가치의 운동임을 선언하는 효과가 있다.

저항의 순간, 시는 목소리가 아니라 '무기'다. 시위 연설에서 시는 단순한 인용이 아니다. 그것은 군중의 심장을 하나로 묶고, 두려움의 벽을 넘어설 용기를 주며, 억압을 뚫고 나가려는 공동체의 의지를 선명하게 드러내는 '언어의 무기'다. 시위 언어는 정치적이지만, 그 언어를 움직이는 동력은 결국 '시적인 진실'이다. 광장이 흔들리는 날, 사람들은 다시 시를 읽는다. 그리고 시는 다시 사람을 일으킨다.

SHOW-DO-FIX 실전 훈련

SHOW - 실제 격문 구조 관찰하기

세계 시위에서 실제 사용된 격문의 '전형적 4단 구조'를 교육용으로 재구성했다.

실제 사례

선언 "우리는 침묵하지 않는다."
분노·부정의 제시 "불의는 우리 삶을 짓밟았다."
요구 "우리는 정의와 책임을 요구한다."
행동 촉구 "오늘, 거리에서 함께 일어서자."

분석 포인트

- '선언 → 문제 제기 → 요구 → 행동 촉구'의 단순, 강력 구조.
- 문장은 모두 '10~14음절 내외'.
- '우리는(We)'을 반복해 집단적 정체성 형성.
- 마지막 문장은 반드시 '동사형 명령문'으로 끝낸다.
- 설명보다 '명확한 감정, 행동' 중심.

DO - 나만의 격문(4문장) 작성하기

아래 템플릿에 따라 4문장 격문을 완성해 보자. 각 문장은 7~15음절이 적당하다.

선언

"우리는 ＿＿＿＿＿＿＿＿＿＿＿＿＿＿＿＿＿＿＿＿＿＿＿."

분노 또는 문제 제기

"＿＿＿＿＿＿＿＿＿＿＿＿＿＿＿＿＿＿＿ 은/는 우리의 삶을 무너뜨렸다."

요구(1개)

"우리는 ＿＿＿＿＿＿＿＿＿＿＿＿＿＿＿＿＿＿＿ 를 요구한다."

행동 촉구(강한 동사)

"지금, ＿＿＿＿＿＿＿＿＿＿＿＿＿＿＿＿＿＿＿!"

작성 원칙

- '문제 제기'는 구체적일수록 강력하게 전달된다.
- '요구'는 여러 개 나열하지 말고 하나만 한다.
- 마지막 문장은 반드시 '감탄형, 명령형'으로 작성한다.
- 리듬을 위해 '문장 길이를 짧게 유지'한다.

FIX - 잘못된 격문 수정

"우리는 현재 심각한 상황에 처해 있으며 정부의 여러 조치들에 깊은 유감을 표한다."(문장이 너무 길고, 감정, 행동 모두 약함)

→ "우리는 침묵하지 않는다. 불의는 우리의 삶을 무너뜨렸다. 우리는 책임을 요구한다. 지금, 거리에서 일어서자!"

"우리 사회에는 많은 문제들이 존재하며 그것은 여러 차원에서 해결책을 고민해야 한다."(추상어 나열, 시위용 언어가 아님)

→ "우리는 진실을 말한다. 거짓은 공동체를 병들게 했다. 우리는 진실 규명을 요구한다. 지금, 모두의 눈앞에서 밝히자!"

"우리는 더 이상 이런 문제들을 두고 볼 수 없으며, 변화가 필요하다고 생각한다."('생각한다'는 행동을 촉발하지 못함, 군중 연설에 부적합한 어휘)
→ "우리는 멈추지 않는다. 침묵은 더 큰 상처를 남긴다. 우리는 책임 있는 변화를 요구한다. 지금, 행동하자!"

핵심 훈련 목표

- 격문은 '4문장 구조'가 강력하다.
- 요구는 '한 가지만, 감정은 명확하게, 행동은 명령형'으로 작성한다.
- 잘못된 문장을 고쳐보는 훈련이 격문 감각을 가장 빠르게 끌어올린다.

시 낭송이 연설과 다른 점

감정 리듬, 이미지, 퍼포먼스가 만드는 전략적 구성

시위 현장에서 마이크를 잡은 사람은 모두 '연설자'가 아니다. 누군가는 아무 설명 없이 시 한 편을 읽기 시작한다. 그 순간 광장의 분위기가 달라진다. 구호가 멈추고, 소음이 가라앉고, 사람들의 시선은 시 낭송자의 입술로 모인다.

연설이 정보를 전달하는 언어라면, 시 낭송은 '감정을 깨우는 언어'다. 연설이 논리를 쌓는 구조라면, 시 낭송은 '이미지를 호출하는 퍼포먼스'다.

왜 수많은 시위에서 시 낭송이 등장하는가?

왜 집회 지도자들은 연설과 시 낭송을 결합하여 하나의 메시지를 완성하는가?

시 낭송이 연설과 구별되는 전략적 차이를 체계적으로 분석한다.

연설은 '머리'를 흔들고, 시 낭송은 '심장'을 흔든다

연설은 '논리, 구조, 호소'가 중심이다. 청중에게 사태를 설명하고, 문제를 밝히고, 결론으로 행동을 촉구한다. 반면 시 낭송은 설명, 정의, 논증을 하지 않는다. 대신 이미지를 떠올리게 하고, 감정을 직접 자극하며, 입체적 공감을 만든다.

예를 들어 "우리는 억압에 저항해야 한다"라는 연설 문장은 정보다. 그러나 시인은 다르게 표현한다.

"나를 진흙 속에 짓밟을지라도, 나는 먼지처럼 다시 일어설 것이다."(마야 안젤루)

이 한 문장은 연설 30줄을 대체하는 감정의 응축체이다. 그것이 시 낭송이 가진 독자적 힘이다.

시 낭송의 핵심 구조

연설이 '문장과 논리'를 중심으로 한다면, 시 낭송은 '언어 + 리듬 + 몸짓'의 결합이다.

언어 : 상징과 은유가 압축된 형태

시 한 줄은 단어 몇 개에 거대한 감정을 담아낸다. 이 압축성은 낭송의 순간 강력한 폭발력을 가진다.

리듬 : 말의 음악

시 낭송은 말의 '속도, 멈춤, 올림, 내림'을 통해 감정의 곡선을 만든다. 이것은 연설의 '논지 전개'와 다르게 '감정의 파도'를 만드는 전략이다. 집회 현장에서 시 낭송이 울림을 주는 리듬 구조는 '느린 첫 행-잠시 멈춤-점점 올라가는 감정-마지막 후렴구 폭발'이다.

몸짓 : 메시지의 확장

시 낭송자는 고개를 들거나, 손을 들어 올리거나, 가슴을 치거나, 눈을 감으며 몸 자체를 메시지의 일부로 만든다. 연설보다 훨씬 공연(퍼포먼스)에 가깝다.

시 낭송은 '사건'이다

연설이 '설득의 행위'라면, 시 낭송은 '공간을 전환시키는 퍼포먼스'다. 시 낭송이 만드는 3가지 공간 변화는 다음과 같다.

소음에서 침묵으로

수천 명이 모인 광장이 조용해지는 순간 집단의 감정은 하나의 중심으로 모인다.

분노에서 의미로

감정은 설명될 때 더 커지는 것이 아니라, 시를 통해 '형태'를 얻을 때 성숙해진다.

개별 고통에서 집단 서사로

누군가의 상처가 시를 통해 모두의 역사적 감정으로 확대된다. 그래서 시 낭송은 단순한 읽기가 아니라 '광장을 재구성하는 행위'다.

시 낭송의 2가지 효과

'말의 여백'을 만든다

연설은 설명해야 하고 주장해야 한다. 그러나 시는 여백을 둔다. 청중은 그 여백을 자기 경험으로 채운다. 이때 연대감은 더욱 강해진다.

집단 최면과 같은 감정 동조

특히 반복 구조의 시는 집단적 리듬을 만든다. 수천 명이 같은 문장을 따라 외칠 때 연설로는 결코 얻을 수 없는 '집단의 감정 일치'가 일어난다.

연설과 시 낭송의 전략적 결합

시위 현장에서 가장 효과적인 방식은 '연설 → 시 낭송 → 다시 연설'의 3단 구조다. 이 구조는 '머리 → 심장 → 발걸음'으로 이어지는 매우 강력한 동력 생성 모델이다.

연설 : 문제 제기

- 지금의 불의, 억압, 부당함을 설명.
- 청중의 분노를 '의미 있는 방향'으로 정리.

시 낭송 : 감정 점화

- 논리적 분노를 감정적 결의로 전환.
- 군중의 심장을 하나로 묶는 단계.

다시 연설 : 행동 촉구

- 이제 우리는 무엇을 해야 하는가?
- 행동 지침과 결의를 전달.

시위 현장용 시 낭송의 5가지 규칙

① 짧아야 한다

3~6행 정도가 가장 효과적이다. 긴 시는 흐름을 끊는다.

② 후렴구가 있어야 한다

군중이 따라 할 수 있는 문장이 반드시 필요하다.

③ 직설과 은유가 균형을 이뤄야 한다

직설만 있으면 연설이 되고, 은유만 있으면 난해해진다.

④ 음성의 질감을 조절해야 한다

굵게 읽을지, 낮게 깔지, 속도를 줄일지 등 시의 리듬은 말보다 음악에 가깝다.

⑤ 온몸으로 읽어야 한다

손짓, 시선, 침묵이 시의 일부가 된다.

시위 연설이 군중의 이성과 판단을 작동시키는 장치라면, 시 낭송은 군중의 감정을 점화하는 장치다. 이성의 언어인 연설과 감정의 언어인 시를 결합했을 때 집단은 움직인다. 저항의 역사는 언제나 말로 시작되지만 시로 불붙었다. 시 낭송은 연설을 돕는 보조 기술이 아니라, 광장의 심장을 뛰게 만드는 독립된 퍼포먼스이자 전략이다.

1, 3, 5분 시위 발언 실전 훈련지

시위 현장은 언제나 소음과 긴장, 속도와 돌발의 공간이다. 그곳에서 연설자에게 허락된 시간은 길어야 5분, 때로는 3분, 심지어 1분도 채 되지 않는다. 사람들은 움직이고, 경찰은 경계를 조이고, 군중의 감정은 순식간에 상승하거나 분산된다. 이런 환경에서 발언자는 연설가가 아니라 전선(戰線) 한가운데 선 지휘관과 같다. 따라서 시위 연설의 법칙은 단순하다. 시간이 짧을수록 메시지는 선명해져야 하고, 말이 선명해질수록 군중은 움직인다.

시위 발언의 기본 길이인 1분, 3분, 5분을 각각 어떻게 구조화해야 군중을 움직일 수 있는지 알아보자. 길이에 따른 말의 밀도, 핵심 단어 선정, 행동 촉구의 방식을 세밀하게 구분한다. 단순히 '짧게 말하라'가 아니다. 짧은 말로 군중의 심장을 잡는 기술이다.

1분 발언 - 칼날처럼 벼린 60초

1분 발언의 목적은 장황한 설명이 아니다. 군중의 주의를 '순식간에 사로잡고', 현장의 논점을 '한 문장으로 압축'하여 사람들의 머릿속에 박아 넣는 것이다. 그러므로 1분 발언은 '핵심 문장의 예술'이다.

1분 기본 구조

핵심은 '하나만 말한다'는 원칙이다. 평균적으로 인간은 1분 동안 150~180단어를 듣지만, 그중 기억에 남는 것은 '핵심 문장 1개뿐'이다.

- 문제 제기(10초)
- 핵심 주장 1개(20초)
- 증거, 사례 1개(20초)
- 행동 촉구(10초)

1분 발언 핵심 설계

- 주장 하나 → "ㅇㅇ을 즉시 공개하라."
- 근거 하나 → "기록이 감춰져 있다."
- 촉구 하나 → "지금 행동하라."
- 전체 발언 → '직선으로 쏘는 화살'처럼 군중의 뇌리에 깊게 꽂힌다.

1분 발언 예시

"우리는 지금, 기본권이 침해되는 순간을 마주하고 있습니다.
우리의 요구는 단 하나입니다—기록을 공개하라!
증거는 이미 명백합니다.
진실을 감추는 행위는 더 이상 통하지 않습니다.
지금 이 자리에서—즉각 조치하라!"

3분 발언 - 정보, 감정, 요구의 3가지 축 균형

3분 발언은 1분 스피치에 비해 정보량이 2배, 감정의 울림은 3배로 증가한다. 이때 발언자는 '현장의 해설자이며, 공동 감정의 촉매자'이다.

3분 기본 구조

- 문제의 본질 제기(30초)
- 근거 2개(60초)
- 현장의 감정, 피해 묘사(30초)
- 요구, 대안 명시(30초)
- 행동 촉구, 연대(30초)

3분 발언 핵심 설계

- 근거를 '2개'로 제한한다. 너무 많으면 메시지가 분산된다. 2개는 '균형'과 '신뢰'를 만든다.
- 진실된 감정이 절정 구간을 만든다.
- 피해의 장면, 시민의 한마디, 현장의 침묵을 묘사하라. 군중은 타인의 고통을 들을 때 더 강하게 연대한다.
- 3분 발언의 목표는 군중의 마음을 '문제의 심장부'까지 데려가는 것이다. 그리고 마지막 30초에서 '움직일 수밖에 없는 명확한 행동'을 제시한다.

3분 발언 예시

"우리가 오늘 이 자리에 선 이유는 분명합니다.

절차가 왜곡되는 순간, 시민의 권리는 흔들리기 때문입니다.

첫째, 기록은 비공개로 묶여 있습니다.

둘째, 책임자는 침묵으로 일관하고 있습니다.

이 침묵이 낳은 고통은 현실적입니다.

삶이 무너지고, 일상이 흔들리고, 미래가 사라지고 있습니다.

우리는 3가지를 요구합니다.

공개하라! 책임져라! 복구하라! 그리고 약속합니다.

진실이 밝혀질 때까지. 우리는 멈추지 않는다!"

5분 발언 - 짧은 연설의 완결 구조

5분 발언은 시위 스피치의 '완성형'이다. 이 길이에서는 단순한 외침이 아니라 '짧은 연설'이 된다. 여기서 GOLDEN 구조가 중요한 나침반이 된다.

5분 기본 구조(G-O-L-D-E-N 시위형)

- **Gravitas** 문제의 무게를 여는 서두(40초)
- **Originality** 현장의 장면, 사람, 대사 1~2개(50초)

- **Logic** 근거, 사실, 데이터 제시(60초)
- **Delivery** 군중 호명, 리듬 조절, 1회 이상 부름과 응답(40초)
- **Emotion** 분노, 슬픔, 희망의 전환점(50초)
- **Narrative** 해결의 방향 + 행동의 선언(40초)

5분 발언 핵심 설계

- 첫 40초에서 세계관을 제시하라. 지금 무슨 일이 벌어지고 있는가? 왜 이 자리가 역사적 순간인가?
- 장면 묘사로 청중의 눈을 열어라. 구체적인 인물, 표정, 상황은 군중의 감정을 집중시킨다.
- 근거는 '한 방씩 3개'가 가장 강하다.
- 감정은 절정에서 터뜨려야 한다. 단발 감정이 아니라 '공동 감정'을 만들어야 한다.
- 마무리는 '명령형 + 시간, 장소' 조합으로 끝낸다.

5분 발언 예시

"여러분, 이 도시는 지금 침묵 속에서 흔들리고 있습니다.

단 한 장의 보고서가 잠겨 있고, 단 한 사람의 책임이 사라졌습니다.

오늘 아침, 현장에서 울고 있는 한 시민을 보았습니다.

왜 우리만 희생되어야 합니까?

그 절규는 우리의 질문이기도 합니다.

자료는 명확합니다. 기록은 존재하고, 시간표는 맞지 않고, 책임은 비어 있습니다.

이제 우리는 말해야 합니다. 더 이상 침묵하지 말라!

그리고 우리는 행동해야 합니다. 함께 움직이자!

다음 주 이 시간, 다시 이 자리에서

우리는 멈추지 않는다!"

2장

가슴을 울린 저항시 사용법

세계 시위에서 인용된 저항시

언어가 깃발이 되는 순간들

광장의 언어는 구호와 주장만으로 이루어지지 않는다. 결정적인 순간, 사람들은 '시'를 꺼내 든다. 그것은 가장 짧지만 가장 날카로운 무기이며, 동시에 공동체를 하나로 묶는 가장 따뜻한 불씨다.

역사적 시위에서 반복적으로 등장한 시들은 단순히 예술 작품이 아니다. 억압의 시대에 사람들의 감정, 울분, 희망을 대변해 온 '집단 정서의 상징'이자, 수많은 군중이 그 한 문장을 외며 서로의 손을 잡게 만든 '저항의 언어'다. 세계의 주요 시위에서 가장 많이 사용된 저항시를 선별했다.

베이다오 〈대답〉

베이다오의 〈대답〉은 중국 현대 저항시의 상징이다. 단호하고 생생한 구절은 시위 현장에서 '진정성의 선언문'처럼 사용되었다. 이 시는 국가 자체를 부정하는 언어가 아니라, 권력의 거짓과 왜곡된 담론을 거부함으로써 존엄과 양심의 기준을 다시 세우는 저항의 언어다. 리듬감이 분명하고 구절이 짧아 집단 낭송과 결의 형성에 적합하다.

사용된 시위

1989년 톈안먼 민주화 운동, 홍콩 우산혁명, 대만 민주화 집회, 한국 연대집회 등.

대표 구절

"비열함은 비열한 자들의 통행증이고,
고결함은 고결한 자들의 묘비명이다.

네 발 아래 천 명의 도전자가 있다면
나를 천한 번째 도전자로 생각하라."

전략 포인트

- 직접적 공격 대신 '거부 선언'의 방식으로 권력 언어를 무력화.
- 개인의 양심을 중심에 두어 국적과 이념을 초월한 보편적 울림 형성.
- 분노의 선동이 아니라 존엄과 진실의 기준을 제시하는 프레임.
- 짧고 반복 가능한 문장 구조로 집단 낭송, 시위 구호화에 최적화.

마야 안젤루 〈그래도 나는 일어나리라〉

시의 후렴구 "나는 일어나리라"는 시위에서 가장 강력한 군중 리듬을 만들어낸다. 천 명, 만 명이 동시에 외칠 때 '집단적 부활의 메시지'가 된다.

사용된 시위

BLM 시위, 여성 행진, 난민 인권 시위 등 전 세계 인권 시위의 대표적 텍스트.

대표 구절

"네가 역사의 책에 나를 쓰더라도
쓰라린 거짓말로 뒤틀어놓더라도
그래도 나는 먼지처럼 다시 일어설 것이다."

전략 포인트

- 후렴구 반복을 통한 감정 상승.
- 피해자의 절규를 '존엄의 선언'으로 전환.
- 억압을 개인적 상처에서 공동체 승리로 변화시키는 구조.

파블로 네루다 〈침묵할 때 나는 그대를 좋아한다〉

파블로 네루다는 정치 시인이자 동시에 세계적으로 가장 널리 읽힌 '사랑의 시인'이다. 그의 시는 노골적인 정치 구호 대신, 사랑, 침묵, 부재, 그리움 같은 감성적 언어를 통해 억압의 시대를 은유적으로 드러냈다. 이러한 표현은 독재체제 아래에서 직접 저항할 수 없었던 사람들에게 '침묵 속의 연대'로 읽혔고, 이후 시위와 민주화 운동을 다룬 담론과 문화적 해설 속에서 반복적으로 재인용되었다.

사용된 시위

남미 군부독재 반대 운동, 칠레 민주화 운동, 라틴계 이민자 인권 집회 등을 다룬 문화 담론과 해설 맥락에서, 이 시는 직접적인 구호라기보다 억압된 침묵을 설명하는 상징적 언어로 차용되었다.

대표 구절

"그대가 침묵할 때, 나는 그대를 좋아한다.
그대는 마치 부재한 것 같기 때문이다."

전략 포인트

- 직접적 정치 구호 대신 사랑과 침묵의 은유로 저항을 전달.
- 검열과 금지를 피하기 쉬운 예술적, 감성적 표현 구조.
- 개인적 사랑의 언어가 집단적 억압 경험을 설명하는 비유로 확장.
- 정치시보다 더 넓은 독자층을 끌어들이는 외연 확장형 저항 언어.

아부 알카심 알샤비 〈삶을 원하는 민중이 있다면〉

아랍권 저항시의 상징으로 SNS와 구전 낭송을 통해 급속히 확산되며, 아랍의 봄 시위대에게 두려움을 넘어서는 정신적 슬로건이 되었다. 자유는 추상적 이념이 아니라, 의지와 행동이 만나 탄생하는 필연임을 선포한다. 이 시는 저항의 감정을 노래하기보다 저항이 필연이 되는 논리를 시로 만든 작품이다.

사용된 시위

튀니지 혁명, 이집트 타흐리르 광장 시위, 리비아 민주화 운동, 예멘 시민 봉기 등(통칭 '아랍의 봄').

대표 구절

"어느 날 민중이 삶을 원한다면, 운명은 반드시 응답할 것이다."

전략 포인트

- '날개, 불' 같은 과잉 이미지보다 의지와 필연의 구조로 집단 확신 형성.
- 반복 낭송에 최적화된 리듬으로 군중 결속과 함성 증폭.
- 개인의 감정이 아니라 집단의 의지를 주어로 세운 혁명 언어.
- SNS, 광장 낭송 모두에 강한 전파력을 가진 구조.

랭스턴 휴즈 〈미국이 다시 미국이 되게 하라〉

미국의 이상과 현실의 간극을 적나라하게 드러낸다. 특히 BLM 시위에서 가장 많이 낭송된 저항 문장 중 하나다.

사용된 시위

미국 인종차별 규탄 시위, 노동자 행진, 이민자 권리 시위.

대표 구절

"미국이 다시 미국이 되게 하라."

전략 포인트

- 국가 정체성의 본질을 묻는 질문 구조.
- 분노가 아닌 '사회계약 재요청'에 가깝다.
- 역사적 비전과 현재의 고통을 동시에 부각.

윌리엄 어니스트 헨리 〈굴하지 않는〉

넬슨 만델라가 옥중에서 애송했던 시로 유명하며, 해방 이후 남아공의 집회와 연설 맥락에서도 상징적으로 인용되었다.

사용된 시위

반아파르트헤이트 운동, 교도소 인권 시위, 청년 저항.

대표 구절

"나는 내 운명의 주인, 내 영혼의 선장이다."

전략 포인트

- 개인적 존엄을 정치적 저항의 중심에 놓음.
- 짧은 행 구조로 낭송 시 울림이 강함.
- 지도자의 카리스마를 상징적으로 강화.

체스와프 미워시 〈너, 부당하게 행동한 자여〉

전체주의와 검열의 시대를 통과한 폴란드의 대표적 저항 시인이다. 그의 시는 직접적인 구호보다 권력의 폭력이 결국 기억과 언어 앞에서 패배한다는 사실을 조용하지만 단호하게 선언한다. 이러한 언어는 폴란드 자유노조 운동과 동유럽 민주화 과정에서 폭력에 맞서는 문화적, 도덕적 저항의 상징으로 연설과 담론에서 반복 인용되었다.

사용된 시위

유럽 민주화 운동, 폴란드 자유노조 운동.

대표 구절

"너, 부당하게 행동한 자여,

평범한 사람에게 해를 끼친 자여,

시인이 기억하고 있음을 잊지 마라.

너는 한 사람을 죽일 수는 있어도,

또 다른 이는 태어난다."

전략 포인트

- '노래, 시, 언어'를 억압을 넘어서는 기억의 힘으로 제시.
- 폭력적 충돌 대신 도덕적 심판과 역사적 기억을 무기로 삼는 저항.
- 특정 무대 없이 낭송과 인용만으로 작동하는 문화적 저항 구조.
- 장기 투쟁(노조와 시민운동)에 적합한 지속형 저항 언어.

김수영 〈풀〉

한국의 민주화 투쟁에서 가장 널리 쓰인 문장 가운데 하나다. 폭력적 탄압을 받던 시대에 이 짧은 구절은 '민중 생명력의 대서사시'가 되었다.

사용된 시위

1970~1980년대 한국 민주화 운동, 2016~2017년 촛불집회.

대표 구절

"풀이 눕는다. 바람보다 먼저 일어난다."

전략 포인트

- 반복 구조로 집단 후렴에 최적화.
- 억압 → 회복 → 생명의 순환 구조.
- 이미지 단순화로 세대, 계층 간 공감 확대.

윤동주 〈서시〉

‘도덕적 저항’의 상징으로 폭력을 선동하지 않고, 청중의 양심을 깨우는 효과가 뛰어나다.

사용된 시위

촛불집회, 청년 인권집회, 역사왜곡 규탄 시위 등에서 연설과 문구 인용으로 반복 호명.

대표 구절

“죽는 날까지 하늘을 우러러 한 점 부끄럼이 없기를.”

전략 포인트

- 분노가 아닌 순결한 정의감과 도덕적 기준을 자극.
- 폭력 없는 저항으로 도덕적 정당성 확보.
- 교육·시민 집회에 폭넓게 적용 가능한 언어.

라빈드라나드 타고르 〈마음에 두려움이 없는 곳에서〉

타고르의 시는 폭발적 구호나 직접적 선동과는 거리가 멀다. 그러나 그의 언어는 반복될수록 힘을 얻으며, 시위 현장에서는 분노를 절제하고 방향을 부여하는 ‘평화적 저항의 윤리’로 작동한다. 타고르의 시는 자유를 소유나 쟁취의 대상으로 말하지 않고, 두려움 없는 정신과 존엄의 회복이라는 보편적 가치로 제시함으로써 국제적 연대의 언어가 되었다.

사용된 시위

아시아 연대집회, 반전 평화 시위, 학생·시민 인권 시위 등.

대표 구절

"마음에 두려움이 없고, 고개를 당당히 들 수 있는 곳,

지식이 자유로운 곳."(≪기탄잘리≫ 제35편)

전략 포인트

- 비폭력, 비적대적 언어로 저항의 도덕적 정당성 강화.
- 종교, 국가, 이념을 초월한 국제 연대 집회의 상징 언어.
- 분노를 자극하기보다 '분노 → 연대 → 비전'으로 이끄는 구조.
- 장기적 시민운동과 학생운동에 적합한 지속형 저항 언어.

시위의 구호는 사라지지만 시는 남는다. 그리고 세대를 넘어 반복된다. 저항시는 각각의 방식은 다르지만 다음의 공통점을 갖는다.

- '우리는 누구인가'를 정의해 준다.
- 억압 속에서도 우리는 일어난다.
- 우리는 침묵해도, 진실은 죽지 않는다.

- 우리는 상처를 사랑하며, 상처에서 다시 시작한다.
- 우리는 폭력이 아니라 언어로 싸운다.

저항시는 시위의 감정 엔진

소리와 몸짓이 하나가 될 때 군중은 폭발한다

거리에는 언제나 말이 넘쳐난다. 구호, 슬로건, 발언, 확성기, 노래, 북소리까지, 모든 것이 소리의 숲을 만든다. 그러나 그 숲에서도 군중의 심장에 가장 깊이, 가장 빠르게 도달하는 언어는 시다.

왜 시인가? 시가 이성보다 먼저 감정을 깨우고, 논리보다 앞서 행동을 촉발하기 때문이다. 역사상 모든 시위에는 저항시가 있었다. 그것은 모두 군중을 묶고 움직이게 한 감정의 엔진이었다. 저항시는 문학이 아니라 '무기'이며, 낭송이 아니라 '집단 감정의 가속장치'다. 저항시의 힘을 해부하고, 시위 스피치 속에서 어떻게 작동시키는지 알아본다.

저항시가 군중을 움직이는 3가지 메커니즘

① 감정을 즉시 점화한다

산문적 언어가 머리를 통해 가슴으로 내려온다면, 시적 언어는 가슴에서 바로 불을 붙인다. 시 한 줄은 연설문 10줄보다 강하다. 군중의 감정 폭발 시점은 대부분 '시적 문장'이 등장할 때와 일치한다.

"우리는 쓰러지지 않는다."

"빛은 어둠을 두려워하지 않는다."

"당신의 침묵은 그들의 승리다."

② 군중의 리듬을 통일한다

저항시의 운율은 군중의 호흡을 맞추고, 호흡이 맞춰지면 집단 심장 박동이 생긴다. 한 사람의 외침이 군중의 합창으로 바뀌는 순간, 운동은 '개인의 분노'에서 '집단 결의'로 전환된다.

③ 도덕적 정당성을 부여한다

저항시에는 언제나 '더 높은 가치'가 있다. 자유, 정의, 사랑, 인간, 고통, 희망……, 이러한 가치는 군중의 행동에 '도덕적 정당성'을 부여한다. 시위가 단순한 분노 표출이 아니라, '의로운 행동'으로 정당화되는 과정을 만들어낸다.

저항시는 어떻게 시위의 감정 엔진이 되는가?

다음은 세계 시위에서 가장 보편적으로 나타나는 저항시의 기능이다.

① 슬로건을 '감정 문장'으로 확장

문장을 시적 구조로 바꾸는 순간, 군중은 단어가 아니라 '장면, 느낌, 색깔'로 메시지를 받아들인다.

“민주주의!” → “민주주의는 우리 피 속에 흐른다!”

“멈추지 말자!” → “우리가 멈추는 순간, 어둠이 자란다!”

② 희생과 상처를 집단 기억으로 승화

저항시는 고통을 개인의 경험이 아니라 집단의 기억으로 바꾼다. 고통이 시가 될 때 싸움은 정치적 사건을 넘어 도덕적 의무가 된다.

“쓰러진 자의 이름을 잊지 말라.”

“우리의 눈물은 길이 된다.”

③ 분노를 희망으로 전환하는 가교 역할

저항시는 대부분 어둠으로 시작해 빛으로 끝난다. 이 구조는 군중의 감정을 분노에서 희망으로 자연스럽게 이동시킨다. 희망을 본 군중은 행동을 멈추지 않는다.

“어둠은 깊었다. 그러나 우리는 다시 일어난다.”

저항시 활용 전략 4단계

① 서두에 짧은 시적 문장으로 군중을 집중시키기

거리에서는 긴 문장이 금물이다. 짧고 강한 문장이 전체 리듬을 잡는다.

“우리는 잊지 않습니다.”

“오늘, 우리는 침묵하지 않습니다.”

"여기서 멈추지 않습니다."

② 중반에서 상처, 희생, 장면을 시로 압축하기

저항시의 핵심은 장면을 떠올리게 하는 것이다. 중반에서 시적 장면을 한 번 제시하면 군중의 감정 에너지가 최고조에 오른다.

"그의 마지막 숨은 우리에게 남았다."

"불빛 하나가 어둠을 흔들었다."

③ 절정에서 집단 암송으로 폭발시키기

부름과 응답의 단계와 같이 절정의 순간 군중은 시의 일부가 된다. 이것이 승리의 감정 엔진이다.

"우리는 누구인가?"—"저항하는 시민이다!"

"우리가 원하는 것은?"—"정의다!"

"언제까지?"—"이길 때까지!"

④ 결말에서 희망의 시로 행동 촉구

시위 스피치의 마지막은 반드시 '희망형'으로 끝나야 한다. 희망의 언어로 끝나는 스피치만이 군중의 행동을 이끌어낼 수 있다. 한 줄의 시가 천 개의 방패보다 강하다.

"우리는 무너지지 않는다. 우리는 다시 일어난다."

세계 저항시 사례

칠레 학생 시위 대표 구호

"네가 싸우지 않으면 누구도 너의 말을 듣지 않는다."

→ 의무, 책임 촉구

한국 〈임을 위한 행진곡〉

"앞서서 나가니 산 자여 따르라."

→ 죽음, 희생을 '미래의 명령'으로 전환

홍콩 민주화 시위 대표 구호

"빛이 우리를 집으로 인도할 것이다."

→ 집단적 위로와 연대

미국 인권운동의 저항 가요

"우리는 반드시 승리하리라."

→ 반복, 단순, 확신의 구조

미얀마 민주화 시위 구호

"꽃처럼 피어나리."

→ 폭력 속에서 미래를 약속하는 시

이집트 '아랍의 봄' 구호

"빵, 자유, 존엄."

→ 세 단어로 혁명의 방향을 제시

대중 낭송을 위한 시구

한 줄의 시가 침묵을 깨운다

시위 현장, 저항의 광장, 연대의 무대에서 가장 먼저 울리는 것은 구호가 아니라 시다. 왜 시인가? 시는 짧고, 선명하며, 리듬이 있고, 마음을 바로 건드린다. 논리보다 빠르게 퍼지고, 연설보다 깊게 남는다. 시위 현장의 한 문장은 종종 연설문 10페이지보다 강하다.

실제 세계 시위에서 널리 사용된 구절들, 저항시, 희망시, 연대시, 기억의 시에서 뽑아낸 '스피치용 50개 문구'를 주제별로 정리한다. 모든 문구는 낭송용(5~12초 리듬)으로 다듬어져 있으며, 부름과 응답, 후렴구, 군중 낭독 등에 바로 사용할 수 있다.

저항 - 침묵을 깨는 말

"침묵은 하나의 대답이다. 그러나 우리는 다른 대답을 선택한다."
"두려움은 우리를 묶지만, 말은 우리를 다시 걷게 한다."
"거짓은 소리가 크지만, 진실은 오래간다."
"우리는 침묵하지 않는다. 오늘도, 내일도."
"부서진 언어 속에서도 우리는 다시 말한다."

"억압은 오래갈 수 있으나, 굴복은 우리의 선택이 아니다."

"우리가 일어설 때, 장벽은 무너진다."

"진실은 천천히 오지만 절대 늦지 않는다."

"한 사람이 외치면 목소리가 되고, 백 사람이 외치면 역사가 된다."

"우리는 지지 않는다. 우리는 멈추지 않는다."

희망 - 다시 걷게 하는 말

"어둠은 오래될 뿐, 빛을 이긴 적은 없다."

"절망은 문이고, 희망은 우리가 여는 손잡이다."

"작은 촛불 하나가 밤의 중심을 흔든다."

"우리는 패배하지 않았다. 우리는 아직 걷는 중이다."

"희망은 기다림이 아니라 선택이다."

"가장 어두운 순간에 별이 보인다."

"오늘의 눈물이 내일의 길이 된다."

"우리의 걸음이 희망이 되고, 우리의 희망이 길을 만든다."

"무너진 자리에서 다시 세운 꿈이 더 멀리 간다."

"희망은 언제나, 이미 누군가의 가슴에서 시작된다."

연대 - 우리를 하나로 묶는 말

"당신의 목소리가 약해질 때, 내가 옆에서 말하겠다."

"함께 걷는 길은 멀지 않다."

“나는 혼자가 아니다. 우리는 서로의 이유다.”

“연대는 말이 아니라 행동이다.”

“당신의 아픔은 우리의 아픔이다.”

“함께 울면 짐이 줄고, 함께 일어서면 길이 열린다.”

“우리는 서로를 지키기 위해 모였다.”

“우리의 발걸음이 모이면, 길은 스스로 생겨난다.”

“우리는 서로의 등불이다.”

“손을 잡는 순간, 우리는 더 멀리 간다.”

일어섬 - 행동을 촉구하는 말

“일어서라. 당신의 자리가 세상을 바꾼다.”

“움직이는 순간, 승리는 이미 시작된다.”

“멈추지 말라. 세상은 당신의 걸음을 듣고 있다.”

“우리의 침묵을 그들은 두려워한다. 우리의 행동은 더 두렵다.”

“한 걸음이 혁명을 만든다.”

“지금 일어서면, 내일이 달라진다.”

“두려움은 물러서고, 용기는 전진한다.”

“이제 행동하라. 말은 날개를 가질 것이다.”

“함께 일어서면 무너질 벽은 없다.”

“오늘의 행동이 내일의 자유다.”

치유 - 상처를 감싸는 말

"상처는 아프지만, 그 자리에서 우리는 자란다."

"울어도 좋다. 눈물은 다시 걷기 위한 준비다."

"슬픔은 끝나지 않지만, 우리가 서로를 안아줄 수는 있다."

"기억하되, 짓눌리지 말자. 슬퍼하되, 무너지지 말자."

"고통을 말하는 순간, 치유는 이미 시작된다."

"우리는 부서지지 않는다. 우리는 다시 이어진다."

"당신의 아픔을 우리는 귀 기울여 듣는다."

"이름을 부르면, 그 사람은 다시 우리 곁에 선다."

"애도는 끝이 아니라 연대의 시작이다."

"우리의 상처는 공동의 힘으로 치유된다."

기념 및 추모 - 기억을 되새기는 말

"우리는 당신을 잊지 않는다. 잊지 않는 것이 우리의 책임이다."

"이름 없는 이들의 이름을 우리는 부른다."

"사라진 목소리가 오늘 우리를 걷게 한다."

"기억은 죽은 이를 위한 것이 아니라, 살아 있는 이를 위한 약속이다."

"당신의 마지막 눈빛이 오늘 우리의 시작이다."

"눈물은 약함이 아니라, 다짐이다."

"한 사람의 삶은 헛되지 않다. 우리가 기억하는 한."

"침묵 속에 묻힌 이름들을 우리는 다시 부른다."

"그대의 부재는 슬픔이 아니라 우리의 의지가 되었다."

"기억은 무기가 아니라 길이다. 우리가 걸어야 할."

스피치를 위한 낭송 설계

5~7초 간격으로 '숨' 설계

문장은 길게 말하지 않는다. 메시지가 스며들 시간을 준다.

동일 주제 문구를 3회 반복

반복은 힘이며, 힘은 행동을 만든다. 예를 들어 '우리는 일어섭니다'
를 3회 반복한다.

부름과 응답 활용

먼저 말하고, 청중이 따라 한다. 이것만으로 군중의 에너지가 2배
상승한다.

이미지 중심 단어 선택

빛, 걸음, 목소리, 벽, 등불, 길 등 시위 현장에서 가장 강력하게 작동
하는 단어를 활용한다.

현장에서 즉시 사용 가능한 활용법

연설자가 먼저 낭독하고 군중이 따라 외친다

"우리는 흔들려도 무너지지 않는다."―"무너지지 않는다!"

한 문장 낭독 후 '2초 침묵'

기념 및 추모 스피치에서 강렬한 효과를 발휘한다.

퍼포먼스와 낭송의 조합

연대 1문장 → 희망 1문장 → 결의 1문장

　"우리는 함께 걷는다." → "희망은 부서지지 않는다." → "우리는 뒤로 가지 않는다."

1분 스피치 구성

시 문구 3개 + 부름과 응답 2회 + 절정 문장 1개

　시는 가장 오래 남는 연설이다. 하루의 연설은 잊혀도, 한 줄의 시는 수십 년을 살아남는다. 시위의 한가운데서 사람들이 원하는 것은 이성의 명령이 아니라, 가슴을 움직이는 한 문장이다. 시를 말할 때 사람은 움직인다. 사람이 움직일 때 역사는 바뀐다.

3장
퍼포먼스 스피치

군중의 반응을 이끌어내는
퍼포먼스 기술

소리와 몸짓이 하나가 될 때 군중은 폭발한다

시위 현장에서는 소음, 박수, 확성기, 깃발, 피켓, 휴대폰 카메라, 드럼 비트까지 모든 것이 메시지의 일부가 된다. 군중은 눈으로 보고, 귀로 듣고, 몸으로 떨며 메시지를 받아들인다. 이때 발언자는 언어의 전달자가 아니라 퍼포머, 즉 '행동으로 말하는 사람'이 된다.

시위 연설자는 군중의 감정 에너지 흐름을 조율하는 기술, 집단의 심장박동을 하나의 리듬으로 묶는 기술, 말, 몸, 공간, 소리의 통합적 연출을 갖춰야 한다.

시위 스피치는 무대 스피치보다 더 어렵다. 무대에는 조명, 음향, 좌석이 있지만, 거리에는 바람, 경찰, 행인, 소음이 있다. 풍경이 제각각인 거리에서 '일관된 퍼포먼스'를 만드는 기술이 결정적 역할을 한다.

군중은 '정보'보다 '신호'에 반응한다

인지언어학자 조지 레이코프는 말한다. "군중은 문장을 이해하기 전에 먼저 신호를 느낀다." 군중의 반응을 유도하는 데 가장 먼저 필요

한 것은 논리가 아니라 신호다. 군중은 언어보다 다음과 같은 신호,
즉 '육체적 리듬'에 빠르게 반응한다.

- 손을 들어 올리는 동작
- 몸을 앞으로 기울이는 순간
- 목소리의 리듬 변화
- '여러분!'이라는 호명
- 박수 요청의 타이밍
- 드럼, 함성, 부름과 응답

퍼포먼스 기술 5가지

① 호명 : 군중의 주의를 묶는 첫 기술

첫 문장은 반드시 청중을 부른다. '이름을 부르는 순간' 군중의 마음
은 한자리에 모인다. 호명은 언어가 아니라 '집중의 스위치'다.

"시민 여러분!"

"여기에 모인 여러분!"

"함께 싸우는 동지 여러분!"

② 리듬 조종 : 말의 속도가 감정의 속도를 결정한다

거리 스피치의 80%는 리듬이 만든다. 리듬만 잘 활용해도 목소리
의 30%가 보강된다.

- 빠르게 말하면 긴장과 분노

- 느리게 말하면 무게와 슬픔

- 정지(콤마)는 절정의 순간

"우리는……(정지) 오늘……(정지) 여기에서…… 멈추지 않을 것입니다!"

③ 동작 : 손과 몸은 말보다 빠르게 행동을 명령한다

군중은 단어보다 몸짓의 명령을 먼저 따른다.

- 손을 위로 들면 참여

- 손바닥을 군중 쪽으로 펼치면 주의 집중

- 주먹을 쥐면 분노, 결의

- 두 손을 가슴에 모으면 연대, 아픔

④ 부름과 응답 : 군중을 '관객'에서 '행동자'로 바꾼다

이때 시위 스피치는 집단 에너지를 생성한다.

"지금 멈출 수 있습니까?"—"없다!"

"무엇을 원합니까?"—"정의!"

"언제까지 싸울 것입니까?"—"승리할 때까지!"

⑤ 절정 : 군중의 감정을 한 지점에 모은다

절정의 순간 군중의 감정은 '폭발점'에 도달한다. 이것이 행동 촉구의 실제 동력이다. 절정은 3가지 요소로 만든다.

- 목소리 상승

- 동작 확대

- 반복 어구

1분, 3분, 5분에 따른 퍼포먼스 구성

1분 퍼포먼스

하나의 메시지, 하나의 동작, 하나의 절정으로 이루어진다.

- 호명 1회

- 핵심 제스처 1개

- 리듬 변화 1회

- 절정 1회

3분 퍼포먼스

군중의 감정을 '끌어올리는' 발언이다.

- '천천히 → 빠르게 → 절정'의 3단 리듬

- 부름과 응답 1회

- 동작 2개(집중 → 결의)

- 피해자, 현장 묘사에서 감정 진동 최대화

5분 퍼포먼스

퍼포먼스 요소가 '연설 수준'으로 발달하는 '작은 드라마'다.

- 서두 : 무거운 리듬, 낮은 톤
- 중반 : 장면 묘사 + 동작 2회
- 논리 구간 : 속도 안정, 손짓 최소화
- 감정 구간 : 느려졌다가 폭발
- 결말 : 군중 움직임을 유발하는 명령형

절대 해서는 안 되는 5가지

① 군중을 꾸짖지 말 것

"왜 조용합니까?"라는 말은 하지 않는다. 대신 "다시 한 번 들려달라!"고 요청한다.

② 과장된 동작 금지

연극적 동작은 진심을 해친다.

③ 상대를 조롱하는 제스처 금지

손가락질은 분열을 만든다.

④ 말보다 몸이 앞서지 않게 할 것

몸짓은 말의 그림자여야 한다.

⑤ 절정을 두 번 만들지 말 것

절정은 단 한 번으로 끝낸다.

효과적인 퍼포먼스를 위한 체크리스트

항목	질문	점수
집중	나는 발언 시작 3초 안에 군중을 사로잡았는가?	/1
리듬	말의 속도가 감정 흐름을 만들었는가?	/1
제스처	손과 몸짓이 메시지와 일치했는가?	/1
감정	억지 아닌 '장면 기반' 감정이었는가?	/1
호명	군중을 제대로 불렀는가?	/1
명확성	메시지는 한 문장으로 요약 가능한가?	/1
절정	절정은 단 한 번, 강력했는가?	/1
참여	부름과 응답은 자연스러웠는가?	/1
윤리	조롱, 과장 없이 품위를 유지했는가?	/1
행동	마지막 문장은 행동을 명령했는가?	/1

퍼포먼스 스피치 스크립트

언어를 '보이게 만들고', 행동으로 바꾸는 기술

군중의 한가운데서 울려 퍼지는 목소리는 단순한 연설이 아니다. 말은 리듬이 되고, 리듬은 움직임을 만들며, 움직임은 행동을 이끈다. 퍼포먼스 스피치는 단순히 시를 읽고 말을 전하는 것이 아니라, 목소리, 몸짓, 호흡, 조명, 군중의 에너지까지, 모든 요소를 하나의 '행동 언어'로 통합하는 가장 극적인 연설 형태다.

퍼포먼스 스피치, 무엇이 다른가?

말이 아니라 '장면'을 만든다

일반 스피치는 귀로 듣지만, 퍼포먼스 스피치는 눈으로 본다. 시위 현장에서 누군가 시 한 줄을 크게 읽고, 수백 명이 조용히 호흡을 맞추는 그 순간의 장면이 메시지가 된다.

청중을 '함께 움직이는 무대 배우'로 만든다

말하는 사람뿐 아니라 모두 배우가 되고 모든 몸짓이 메시지가 된다.

논리가 아니라 리듬으로 설득한다

연설의 논리보다 더 빠르게 파고드는 것은 '감정의 반복 리듬'이다.
후렴구, 짧은 문장, 명확한 고조가 필수다.

퍼포먼스 스피치 7단 구성

도입 : 침묵과 한 줄

소리보다 더 강한 연출은 침묵이다. 그 침묵 위에 첫 문장을 천천히
올린다.

"오늘, 우리는 다시 말하기 위해 모였습니다."

전환 : 현실을 짚어내는 짧은 진술

현장의 감정과 문제를 2~3문장으로 연결한다. 고민, 분노, 좌절, 희
망 등 정서를 하나로 모으는 단계다.

시 또는 상징문 낭독 : 정서 결집

짧은 구절, 상징적인 이미지, 기억에 남는 한 줄을 읊는다.
"모든 거인은 한 번은 어린아이였다."

부름 : 메시지 제안

연설자가 군중에게 '이 문장을 함께 만들자'는 신호를 준다.

응답 : 군중이 따라 한다

집단 호흡이 맞춰지는 순간, 에너지가 가장 빠르게 올라가고 분위기
는 한껏 고조된다.

행동 촉구 : 후렴구 반복(점층, 속도 조절)

반복은 선언의 리듬이다.

"우리는 일어난다."

"우리는 일어난다."

"우리는 함께 일어난다."

정리와 조용한 마무리

마지막은 다시 낮은 톤으로 감정을 누그러뜨리고 장면을 부드럽게
닫는다.

무대에 오르기 전 반드시 확인해야 할 항목

퍼포먼스 스피치는 '대본보다 리듬'이 중요하므로, 전문가도 이 체
크리스트를 기본으로 삼는다.

목소리와 호흡 체크

☐ 첫 문장은 '느리게, 낮게' 시작하는가?

☐ 고조 구간은 2~3곳으로 분명하게 나누어졌는가?

□ 후렴구의 속도와 강약 조절이 자연스러운가?

□ 긴 문장은 없는가(짧은 어절 중심)?

동작과 무대 동선

□ 손짓은 단순하고 큰 동작 위주인가?

□ 몸의 방향 전환에 의미가 있는가?

□ 한 줄 낭독 후 '정지' 동작이 포함되어 있는가?

□ 불필요한 걸음걸이는 없는가?

시각 요소(조명, 도구, 불빛)

□ 휴대폰 불빛(또는 촛불) 사용 여부

□ 무대 조명 밝기와 리듬 변화 가능 여부

□ 배경 스크린 문구와 낭독 타이밍 일치 여부

청중 참여 설계

□ 부름과 응답 문장이 5~7어절로 설계되었는가?

□ 1회 → 2회 → 3회 점층 반복 구조가 있는가?

□ 군중 규모에 맞는 속도, 리듬 조절이 가능한가?

□ 청중의 참여를 자연스럽게 유도하는 제스처를 준비했는가?

스크립트 완성도

□ 1페이지(또는 90초) 안에 핵심 메시지가 잡히는가?

□ 불필요한 수식은 제거되었는가?

□ 상징어가 2~3개 반복되는가?(등불, 일어섬, 목소리 등)

□ 연설 목적(분노, 희망, 치유, 행동)이 분명한가?

퍼포먼스 스피치 대본 구성표

실제 강연, 추모식, 시민 시위 등 다양한 현장에서 바로 활용할 수 있다.

도입(0:00~0:20)

(무대 중앙 정지, 숨 고르고 첫 한 줄)

　"우리는 오늘, 잊히지 않기 위해 모였습니다."

현실 선언(0:20~0:50)

"우리는 침묵 속에서도 서로를 알아보았습니다."

"우리는 말할 권리를 빼앗겼지만, 목소리는 빼앗기지 않았습니다."

시, 상징 낭독(0:50~1:20)

"그리고 나는 말한다.

다시 일어서는 것이 우리의 방식이라고."

부름(1:20~1:30)

"제가 말하면, 여러분이 이어서 외쳐주십시오."

응답(1:30~2:00)

연설자 : "우리는 다시 일어섭니다."

청중 : "우리는 다시 일어섭니다."(3회 반복, 리듬 고조)

행동 촉구(2:00~2:40)

"오늘 이후 우리는 침묵하지 않을 것입니다. 우리는 기록할 것이고, 말할 것이고, 행동할 것입니다."

(후렴구 반복)연설자 : "우리는 행동할 것입니다!"

청중 : "우리는 행동할 것입니다!"

마무리(2:40~3:00)

(목소리 낮춤)

"이 목소리는 오늘로 끝나지 않습니다. 우리는 내일도 말할 것입니다. 그리고 서로를 지킬 것입니다."

퍼포먼스 스피치는 '현장을 바꾸는 말'이다. 퍼포먼스 스피치의 핵심은 화려함이 아니라 집단의 호흡이다. 시가 언어라면 퍼포먼스 스피치는 행동이다. 그 행동이 말의 미래를 바꾼다.

시 낭송을 활용한 퍼포먼스 스피치

한 편의 시가 연설을 행동으로 바꾸는 순간

시위 현장 혹은 강당의 무대에서, 말보다 먼저 청중의 심장을 두드리는 것은 리듬이다. 그리고 그 리듬을 가장 빠르게 깨우는 언어가 바로 '시(詩)'다.

시 낭송을 활용한 퍼포먼스 스피치는 단순히 시를 읽는 행위가 아니다. 그것은 '시와 연설을 결합한 새로운 형태의 저항 퍼포먼스, 즉 '언어적 행동'의 한 형태다. 말의 구조가 논리와 메시지를 만든다면, 시는 감정의 불씨를 붙이고, 퍼포먼스는 그 불씨를 행동의 에너지로 확장한다.

실제 시위 현장에서 사용 가능한 '도입 – 문제 제기 – 가치 선언 – 요구 – 행동 촉구'의 구조에 '시 낭송'을 자연스럽게 끼워 넣는 실전 예시 스피치를 제공한다. 어느 나라, 어떤 주제라도 핵심 의지만 바꾸면 응용이 가능하도록 설계했다.

퍼포먼스 스피치 전체 구조

도입 : 침묵을 깨우는 한 줄의 시

도입부는 논리가 아니라 '정서'를 먼저 여는 단계다. 군중은 이미 분노와 피로 속에 있기 때문에, 직설적인 구호보다 '조용한 한 줄의 시'가 더 집중하게 만든다. 시 한 줄이 낭송되는 순간 군중의 호흡은 자연스럽게 맞춰지고, 연설자는 군중과 '하나의 리듬'을 공유하게 된다.

"풀이 눕는다. 그러나 풀은 다시 일어난다."(김수영의 〈풀〉 첫 줄 인용)

문제 제기 : 왜 지금 읽어야 하는가?

시를 인용한 뒤에는 반드시 '맥락 연결'이 필요하다. 시가 지금의 현실과 만나는 지점을 명확히 해야 한다.

"우리가 오늘 이곳에 선 이유는 단 하나입니다. 넘어뜨린 자들은 많았지만, 우리를 다시 일어서게 하는 힘은, 바로 서로를 향한 희망과 연대이기 때문입니다."

가치 선언 : 시의 메시지를 현실의 가치로 확장

좋은 퍼포먼스 스피치는 시의 언어를 '시적 감정'에서 '현실의 원칙'으로 확장한다.

"김수영 시인은 풀의 이미지를 통해 우리가 가진 '존엄, 생명력, 회복력'을 노래했습니다. 이것은 오늘 우리가 지켜야 할, 민주주의의 가치와 다르지 않습니다."

요구 : 행동의 방향 제시

이제 감정의 울림을 정책, 요구, 행동의 언어로 전환한다.

"우리는 요구합니다. 진실 공개, 책임 확인을. 그리고 다시는 같은 고통을 겪지 않기 위한 제도 개선을."

행동 촉구 : 시의 후렴구를 '행동의 리듬'으로 변환

이제 시 한 구절은 '청중의 행동 리듬'으로 다시 태어난다. 군중이 따라 할 수 있도록 '다시 일어선다', '우리는 움직인다' 등을 후렴구로 제시한다.

"풀은 다시 일어납니다. 그리고 오늘, 우리도 다시 일어섭니다. 일어서서, 말하고, 움직입니다. 함께, 끝까지."

퍼포먼스 스피치 실전 예시문(약 1000자)

도입

"그래도 나는 다시 일어서리라. 마야 안젤루의 시처럼, 우리는 수없이 쓰러졌지만, 지금 이 순간 다시 일어섭니다."

문제 제기

"오늘 우리가 모인 이유는 단순한 항의가 아닙니다. 침묵이 강요된 자리에서, 진실이 지워진 자리에서, 우리는 다시 목소리를 되찾기 위해 이곳에 섰습니다.”

가치 선언

“시인은 말했습니다. ‘나를 진흙 속에 짓밟을지라도, 나는 먼지처럼 다시 일어설 것이다.’ 이 말은 개인의 자존심을 넘어, 공동체의 존엄에 대한 선언입니다. 우리는 이 존엄을 지키기 위해 모였습니다.”

요구

“우리는 요구합니다. 투명한 진실 규명, 책임 있는 답변, 그리고 더 나은 내일을 위한 변화.”

행동 촉구

“자, 이제 말합니다. 우리는 일어섭니다. 다시, 또다시. 이 말로 우리는 서로를 불러 세우고, 이 말로 우리는 내일을 향해 나아갑니다.”

퍼포먼스 구성의 핵심 전략

시는 도입과 마무리에서 가장 강하다

도입에서 침묵을 파고드는 힘, 마무리에서 공동의 리듬을 만드는 힘을 발휘한다.

시 전체가 아니라 한 구절만으로 충분하다.

길게 읽으면 메시지가 분산된다. 핵심 구절 1~2줄이 가장 효과적이다.

후렴구를 반드시 만든다

'일어선다', '우리는 움직인다', '다시는 안 돼' 등 군중이 자동으로 따라 할 수 있는 문장을 만든다.

시청각 요소를 결합하라

손전등 켜기, 휴대폰 불빛 흔들기, 손뼉 리듬 맞추기, 한 문장 플래카드 출력 등을 활용한다.

시는 말보다 먼저 가슴에 닿는다. 시 낭송 퍼포먼스 스피치는 연설의 논리를 감정의 리듬으로 바꾸고, 군중의 분노를 연대의 에너지로 바꾸며, 마침내 행동의 불씨를 지피는 가장 강력한 언어적 퍼포먼스다. 말은 설명하고, 시는 움직인다. 그리고 행동은 그 2가지가 만나는 지점에서 시작된다.

청중 참여형 시 낭송 퍼포먼스 설계법

함께 말할 때 행동이 된다

시위의 한가운데 혹은 강연장과 공연장에서도 가장 강력한 순간은 '청중이 스스로 목소리를 내기 시작할 때'다. 연설자의 말이 군중에게 흘러 들어가는 것이 아니라, 군중의 말이 다시 연설자에게 되돌아오는 순간, 언어는 전달을 넘어 '행동'이 된다.

시 낭송 퍼포먼스는 바로 이 지점을 극대화하는 기술이다. 특히 관객 참여형은 시를 '듣는 예술'에서 '함께 만드는 행동'으로 바꾼다.

참여형 시 낭송이 강력한 이유

청중을 관객에서 행동자로 바꾼다

연설은 종종 듣기만 하는 메시지로 머무른다. 그러나 시 낭송에 참여하는 순간, 청중은 말의 소비자가 아니라 생산자가 된다. 이 순간이 변화의 첫걸음이다.

집단 리듬을 생성해 행동 에너지를 만든다

여러 사람이 같은 구절을 동시에 말하면 호흡과 박동이 일치하며 강력한 집단 에너지가 생긴다. 시위에서는 이 힘이 물결처럼 퍼져 행동을 촉발한다.

메시지를 감정, 몸, 기억에 동시에 새긴다

논리적 설득보다 오래 남는 것은 몸의 기억이다. 함께 말한 문장은 쉽게 잊혀지지 않는다.

참여형 시 낭송 퍼포먼스의 4단 구조

참여형 퍼포먼스는 즉흥적으로 보이지만, 매우 정교한 설계가 필요하다. 다음 4단 구조는 실제 시위를 분석해 도출한 모델이다.

서막 : 분위기 조성과 감정 점화(약 20~30초)

여기서는 길지 않아야 한다. 짧고 강한 이미지, 시적 문장, 상징적 표현이 좋다. 이 서막은 군중을 '조용하지만, 뜨거운 주시 상태'로 만든다.

"오늘, 우리는 잊지 않습니다."

"한 사람의 목소리가 길이 될 것입니다."

본 행동 : 1인 낭송에서 군중 낭송으로 전환

① 1인 시적 낭송

한 사람이 시를 낭송하며 리듬과 정조(情調)를 설정한다. 톤은 과도하게 크지 않아야 한다. 중요한 것은 리듬과 멈춤이다.

"그는 쓰러졌지만, 우리의 길은 쓰러지지 않았다."

이 한 줄을 느리게, 여백을 두고 낭송하면 군중의 집중이 극대화된다.

② 군중 참여형 반복

군중이 따라 할 수 있도록 짧은 반복 구절을 배치한다. 이 구조는 군중의 '감정 엔진'을 끌어올리는 핵심 단계다.

"우리는 물러서지 않는다."—"물러서지 않는다."

③ 구절의 상승(시의 절정으로 이동)

짧은 구절을 반복하고 나서 긴 문장을 통해 감정의 절정을 만든다.

"우리는 빛을 가두려는 그 어떤 어둠에도 굴복하지 않는다!"

반드시 '미래형 표현'으로 끝나야 행동이 촉발된다.

절정 : 집단 암송

군중은 더 이상 '낭송을 듣는 사람'이 아니다. 직접 낭송하는 주체가 된다. 집단 암송 구절의 조건은 단순하다. 짧고 명확하고 비전을 제시해야 한다. 이 순간에 군중의 에너지가 가장 강하게 상승한다.

"우리는 이긴다!"

"우리는 잊지 않는다!"

“우리는 멈추지 않는다!”

결말 : 침묵 또는 희망의 시로 마무리

강렬한 퍼포먼스가 끝난 뒤 마무리는 2가지 방식 중 하나다.

① 짧은 침묵

침묵은 단순한 비움이 아니다. 군중이 스스로 감정을 정리하고 결심을 다질 수 있는 의례적 공간이다.

② 희망의 시(1~2행)

결말의 시는 반드시 앞을 향해야 한다. 결말은 시위의 정서적 안전장치 역할을 한다.

“우리는 내일을 향해 걷는다.”
“빛은 이미 우리 편이다.”

부름과 응답의 기술

부름과 응답은 아프리카계 문화에서 시작된 소통 구조로, 시위와 연설에서 가장 강력한 참여 기법이다.

한 줄은 5~7어절이 적당하다

너무 길면 따라 하기 어렵고, 너무 짧으면 울림이 적다.

"우리는 다시 일어섭니다."

"두려움보다 희망이 더 강합니다."

음성, 박자, 속도는 군중에 맞춰야 한다

청중이 늦게 따라오면 속도를 늦추고, 군중의 에너지가 올라가면 속
도를 끌어올린다.

중요한 단어를 반복해 리듬을 만든다

청중이 자동적으로 따라 하게 만든다.

"우리는 기억합니다, 우리는 행동합니다, 우리는 바꿉니다."

점층형 구성 : 낮은 톤→중간 톤→고조

처음에는 낮은 목소리로 시작해 마지막에는 선언적 고조로 마무리
한다. 이 점층 구조가 참여율을 크게 높인다.

시각적 리듬 - 손짓, 조명, 몸의 움직임 활용

참여형 퍼포먼스는 음성뿐 아니라 '몸 전체로 말하는 행위'다.

손을 천천히 들어 올리는 동작

군중에게 '같이 올라가자'는 신호를 보낸다.

손전등, 휴대폰 불빛 활용

어두운 공간에서는 불빛이 하나의 리듬이 된다. 시구절과 함께 불빛을 들어 올리면 감정의 파도가 생긴다.

발 구르기, 박수

'한 박자 쉬고, 두 박자 밀고'와 같은 간단한 리듬은 군중의 에너지를 자연스럽게 결집한다.

참여형 퍼포먼스를 위한 텍스트 설계 기준
너무 문학적이면 안 된다

시위 현장은 문학 살롱이 아니다. 쉽고, 짧고, 빠르게 이해되는 시구절이 필요하다.

행간의 여백이 감정의 공간

낭송은 빠르게 읽는 것이 아니다. 여백이 감정 에너지의 압축을 만든다.

상징 이미지가 핵심

손, 빛, 길, 흙, 심장, 바람, 이런 보편적 이미지일수록 군중이 즉시 공감한다.

3·5행 구조가 가장 효율적

군중 참여형 낭송에는 3행 또는 5행 구조가 가장 쉬우면서 강하다.

시 참여형 스크립트 실전 예시

도입(조용히 낭송)

“나를 진흙 속에 짓밟을지라도,

나는 먼지처럼 다시 일어설 것이다.

마야 안젤루의 목소리는

지금 이 순간을 위해 남겨둔 예언처럼 들립니다.”

현실 연결

“우리는 압박을 받았습니다.

말을 빼앗기고, 권리를 잃고, 때로는 희망마저 흔들렸습니다.

그러나 지금 이 자리에 우리는 다시 서 있습니다.”

부름과 응답

연설자 : “우리는 다시 일어섭니다.”

청중 : “우리는 다시 일어섭니다.”

부름과 응답 확장

연설자 : “두려움보다 희망이 더 강합니다.”

청중 : "희망이 더 강합니다."

연설자 : "우리는 침묵하지 않습니다."

청중 : "침묵하지 않습니다."

퍼포먼스 장면 (천천히 손을 들어 올림)

"이 손은 포기하지 않는 사람의 손입니다.

이 불빛은 서로를 비추는 등불입니다."(청중이 휴대폰 불빛을 들어 올림)

행동 촉구 : 후렴구

연설자 : "그래도 우리는 일어선다."

청중 : "그래도 우리는 일어선다."(점차 큰 목소리로 3회 반복)

마무리

"우리가 함께 낭송한 이 말은 단순한 구호가 아닙니다.

오늘 이후 우리의 행동이 될 것입니다.

그래도 우리는 일어선다.

함께, 끝까지."

4장

말이 행동을
이끄는 극적 연출

세계 시위 영상의 전략적 연출

말의 기록이 아닌 강력한 장면 포착

시위의 풍경은 더 이상 거리의 함성만으로 기록되지 않는다. 카메라가 등장하고, 실시간 스트리밍과 바이럴이 가능해지면서 시위는 '행동의 현장'이자 '연출된 메시지의 무대'가 되었다. 국가마다 시위 영상은 서로 다른 이미지, 구도, 퍼포먼스로 세계 시민에게 메시지를 던진다. 이 영상들은 단순한 기록물이 아니다. 그것은 '메시지 그 자체'이며, '프레임을 설계하는 언어'이고, 세계 여론을 움직이는 전략적 퍼포먼스다. 한 장면, 한 문구가 국제사회의 시선을 끌고, 지지를 모으고, 국제 여론을 정치적 압력으로 바꾼다. 잘 연출된 10초짜리 장면은 길고 완벽한 10분짜리 연설보다 더 많은 사람의 마음을 움직인다. 따라서 현대의 연설가는 어떻게 찍힐 것인가를 설계하는 연출자여야 한다.

왜 영상 연출이 중요한가?

현장에서 누군가의 연설을 직접 듣는 사람은 수천 명이지만 그 장면을 영상으로 보는 사람은 수백만 명이다. 시위 영상의 힘은 말이 아니라 장면에 있다. 따라서 연설자는 다음을 선명하게 담아내야 한다.

- 진정성 있는 표정
- 군중의 리듬
- 상징적 액션
- 결의가 담긴 손과 눈
- 말의 진동이 아닌 사람의 에너지

세계 시위 영상에서 발견되는 8가지 공통 전략

상징 색깔을 활용한 색채 연출

색은 메시지보다 빠르게 인식된다. 따라서 연사 뒤에 20명만 통일된 색상으로 배치해도 카메라가 잡는 장면의 힘이 5배는 커진다.

- 홍콩의 검정과 노랑
- 미얀마의 빨강
- BLM 시위의 검정 티셔츠
- 기후 행동의 초록

군중의 삼각형 구도

가장 강력한 화면 구도는 군중이 삼각형을 형성하는 것이다. 삼각형은 본능적으로 안정과 힘을 상징한다.

- 연사는 삼각형의 정점
- 양옆과 뒤에 군중이 넓게 퍼짐

- 드론 또는 높은 각도에서 촬영하면 결집력 강조

손과 팔을 활용한 상징적 동작 삽입

다음 3가지 동작은 세계 모든 시위 영상에서 반복된다. 이 동작들은 말보다 강력한 감정적 신호다.

- 주먹을 들어 올리는 동작
- 손바닥을 펼치며 '멈춰라'를 상징하는 동작
- 가슴에 손 얹기(진정성 표현)

'부름과 응답' 장면 확보하기

영상에서 가장 많이 공유되는 순간은 군중이 한목소리로 외치는 장면이다. 단 3초면 된다. 이 3초가 영상의 1컷을 만든다.

"우리는 멈추지 않는다!"—"멈추지 않는다!"

카메라는 얼굴보다 '군중의 눈'을 찍는다

전문 촬영자들은 연설자의 얼굴만 찍지 않는다. 군중의 '반응 → 연설자 → 다시 군중'의 반복이 영상의 에너지를 만든다. 특히 감정의 전환점에서 청중의 눈물, 결의, 분노를 잡아내면 연설자의 메시지가 자연스럽게 강화된다.

프론트 라인(첫 줄)을 설계하라

연설자 바로 앞 첫 두 줄에 누가 서 있는지가 영상의 톤을 결정한다.
청년, 여성, 어머니, 장애인, 고령자 등 이들이 '다양성의 상징'으로
배치될 때 영상은 연대의 에너지를 만든다.

슬로건, 손팻말의 전략적 배치

카메라는 모든 팻말을 담지 못한다. 따라서 가장 핵심 문장을 배경
이나 측면에 배치해야 한다.

- 7~10음절
- 강한 동사 포함
- 카메라 프레임 안에서 한눈에 들어오는 글씨 크기

10초 클라이맥스를 설계하라

SNS 영상에서 가장 많이 확산되는 구간은 8~12초다. 따라서 어떤
문장으로 어떤 표정을 짓고, 어떤 행동을 하며, 어떤 방향을 바라보
는지, 10초 장면을 먼저 결정해야 한다. 이 장면 하나가 영상의 운
명을 좌우한다.

국가별 시위 영상 - 다른 문화, 다른 전략

각 국가는 저마다 언어도, 문화도, 정치적 상황도 다르지만, 영상 연
출은 모두 '전 세계를 향한 메시지 구조'라는 공통점을 갖는다.

홍콩 : 익명성과 집단성의 미학

2019년 항쟁의 상징은 '검은 옷, 마스크, 동일한 손짓'이었다. 영상에서 가장 강조된 것은 개인이 아니라 집단 움직임의 파도였다. 이때 드론 촬영은 집단의 물결 위에서 불가항력의 민심을 시각화한다. 손전등은 어둠 속에서 스스로 빛을 만드는 시민의 상징이다.

메시지 "우리는 하나다. 우리는 보이지 않지만 존재한다."

프랑스 : 퍼포먼스형 시위의 전통

프랑스는 거리 예술과 저항의 역사가 길다. 노란 조끼 시위, 기후 행동 등에서 퍼포머, 조형물, 음악, 상징 색채 등을 강하게 활용한다. 화면의 카메라 구도도 '예술적 연출'에 가깝다.

메시지 "저항은 시민의 창조적 표현이다."

미국 : 정체성과 스토리 중심

BLM(흑인 인권운동) 시위에서는 '개인의 얼굴, 증언, 외침'이 영상의 핵심이다. 인물 클로즈업과 인터뷰 형식으로 억압의 역사적 맥락을 함께 전달한다.

메시지 "이것은 추상적 분노가 아니라, 사람의 이야기다."

미얀마 : 국제사회에 보내는 구조 신호

군부 쿠데타 이후의 영상들은 대부분 'SNS 실시간 송출'을 전제로

한다. 급박한 호흡, 흔들리는 카메라는 상황의 긴박함을 알리고, 빨간색 리본, 세 손가락 경례 등 상징 이미지를 반복한다.

메시지 "우리를 외면하지 말라. 지금 여기에서 사람이 죽어간다."

한국 : 고함보다 침묵과 반복되는 리듬 중심

수십만이 모인 광장에서도 언어는 절제되고, 촛불의 물결은 일정한 박자로 흔들린다. 개인의 격앙된 외침보다 집단의 호흡과 질서가 강조되며, 카메라는 클로즈업 대신 광장을 넓게 담아 지속성과 합의를 시각화한다. 이 침묵은 무력함이 아니라, 끝까지 물러서지 않겠다는 의지의 형식이다.

메시지 "우리는 소리치지 않아도, 끝까지 간다."

시위 영상의 5대 전략 구조

메시지의 선명도

모든 시위 영상은 하나의 문장으로 요약될 수 있어야 한다. 짧고, 강렬하고, 국제적으로 번역할 수 있는 쉬운 단어가 핵심이다.

- "Free Hong Kong"("홍콩을 자유롭게 하라")
- "Black Lives Matter" ("흑인의 생명도 소중하다")
- "Stop the Coup"("쿠데타를 막아라")

상징의 반복

색, 손짓, 의상, 깃발, 문구, 조형물 등이 반복될수록 사람들의 기억에 각인되고, 세계 언론이 전파한다. 상징은 곧 전 세계를 묶는 비언어적 문장이다.

- 홍콩의 검은 마스크
- BLM의 두 손 들기
- 미얀마의 세 손가락 경례

장면 구성

시위 영상의 구조는 영화적이지만, 현장에서 본능적으로 만들어진다.

- 오프닝(상황 전달)
- 인물 등장(감정 연결)
- 절정(집단 행동)
- 마무리(메시지 제시)

감정 프레임 설계

분노, 슬픔, 연대, 희망 중 어떤 감정을 선택하느냐에 따라 국제 여론의 흐름이 달라진다. 감정은 논리를 이기고, 영상은 감정을 확대한다.

미국 '상처받은 개인의 이야기'로 공감 유도

홍콩 '연대의 파도'로 집단 감정 형성

미얀마 '긴박함'과 '절박함' 강조

확산 가능성

확산되는 영상은 다음 조건을 갖는다. 영상은 일종의 '디지털 전단지'이며, 좋은 시위 영상은 스스로 증식하는 메시지가 된다.

- 10초 안에 메시지가 드러난다.
- 장면 하나만으로도 맥락이 전달된다.
- 세계 어디서나 이해할 수 있는 상징을 사용한다.
- 짧고 강렬하며, 공유할 가치가 있다.

전략적 시위 영상의 사회적 효과

국제 여론을 움직인다

미얀마와 홍콩은 국제사회의 제재, 지원 여론 형성을 영상으로 이끌었다.

국가 내부에 심리적 연대 공간을 만든다

사람들은 직접 참여하지 않아도, 영상을 통해 함께 싸운다는 감정을 공유한다.

역사적 기록이자 법적 증거가 된다

영상은 세대 전체의 기억이며, 동시에 폭력의 증거가 된다.

'말의 진화'를 촉발한다

시위에 사용하는 문구, 손짓, 퍼포먼스가 이미 새로운 시대의 언어가 되고 있다.

영상 연출 대본 구성

연설자가 영상 연출을 함께 고려해 작성하는 완성형 '영상 스피치 대본'이다.

오프닝(5초)

카메라 정면

문장 "오늘 우리는 다시 이 거리의 뜻을 확인합니다."

표정 단단함

손동작 없음

1차 상승(10초)

카메라 45도 측면

문장 "우리는 두려움을 넘어섭니다."

손동작 가슴 → 전방으로 펼치기

메시지 1, 2, 3(각 8초)

카메라 군중 반응 컷

구성 "우리는 기억한다, 우리는 행동한다, 우리는 멈추지 않는다."

부름과 응답(8초)

카메라 연설자 뒤 군중 백샷

구호 "멈추지 않는다!" 반복

절정(10초)

카메라 정면 클로즈업

문장 "이 순간, 우리의 목소리는 역사가 됩니다!"

손동작 두 손 위로 들어 올리기

결말(7초)

카메라 측면

문장 "우리는 앞으로 걷습니다."

마지막 시선 군중 → 하늘

영상은 오늘날 새로운 형태의 스피치다. 과거에는 연설문이 역사를 움직였지만, 오늘날에는 장면이 말하고, 구도가 설득한다. 카메라를 향해 외치는 순간, 그 말은 도시를 넘어 세계를 향해 발화된다. 시위 영상은 단순한 기록이 아니라, 말의 새로운 확장 방식이며, 21세기 민주주의의 또 하나의 언어다.

시위 스피치 교육 활용 매뉴얼

거리의 언어를 교실로, 시민교육의 장으로

거리는 언제나 가장 뜨거운 교육의 현장이었다. 시위대의 손팻말, 울리는 북소리, 떨리는 확성기 소리는 단순한 분노의 표출이 아니다. 그것은 시민이 스스로 생각하고, 말하고, 행동하는 법을 배우는 '민주주의의 학교'다. 그렇기에 시위 스피치를 이해하고, 재현하고, 분석하는 과정은 단순한 말하기 훈련을 넘어 '시민적 감수성, 사회적 공감, 집단적 상상력'을 기르는 본질적 훈련이다.

교육자용 지도 지침(실전형)

정치 편향 금지, 민주적 원칙 강조

- 특정 정파 지향 금지
- 보편적 가치(인권, 자유, 평등, 평화) 중심으로 수업 구성

'분노 조절'이 아니라 '분노 전환' 교육

- 학생이 느끼는 부당함을 건강한 언어로 표출하도록 유도
- 감정의 폭발이 아닌 감정의 방향성을 지도

시위 언어와 혐오 언어의 구분

- 강한 메시지 ≠ 폭력적 언어
- 명확한 기준 제시 : 인물 공격 금지, 집단 비하 금지, 사실 왜곡
  금지

공공 말하기 윤리 교육

- '책임 있는 말하기' 3원칙
① 정확성 ② 투명성 ③ 결과 책임

실제 거리 시위를 수업으로 가져오기

- 영상, 사진, 현장 구호, 현수막 문구를 교육 자료로 활용
- 학생이 직접 '현수막 카피' 제작 연습

실전 활동 1 - 이슈 선택과 현장형 토론

모둠별로 사회적 이슈를 하나 선택한다. 청년 주거 위기, 학교 내 차별, 지역 환경 문제, 돌봄 격차, 난폭 법안 등. 단순 토론을 넘어서 '당사자, 현장, 책임 구조'까지 고려하는 실전 분석이다. 교사는 단호하게 질문한다. 이 질문이 스피치의 방향을 잡아준다.

"당신의 말은 누구에게 닿아야 합니까?"

"책임은 어디에 있습니까?"

실전 활동 2 - '1분 스피치' 작성

학생들은 다음 4단계로 실제 시위 스피치를 만든다. 실전 문장을 '리듬, 호흡, 목소리'로 변환하는 단계다.

- 문제 선언
- 피해, 사실 제시
- 책임 요구
- 연대, 행동 선언

실전 활동 3 - 상징 결합 퍼포먼스

학생들은 상징을 선택하고, 그것을 스피치와 결합해 발표한다. 그 순간, 교실은 단순한 수업 공간이 아니라 '연습된 시민들이 모인 광장'이 된다.

- 손 들기
- 색 배지
- 문구 카드
- 반복 구호
- 리듬 낭송

실전 활동 4-낭송 결합

시위 스피치 교육의 확장판으로 '낭송'을 사용한다. 학생들은 텍스트를 낭독하고, 그 울림을 자신의 스피치로 이어 붙인다. 이는 실전에서 매우 큰 힘을 발휘한다. '말은 개인을 넘어 역사를 잇는다'는 감각을 몸으로 체험하게 해준다.

- 저항 시인들의 구절
- 사회적 목소리가 담긴 산문
- 시대를 흔든 문장들

실전 클라이맥스 - 1인 1분 시위 스피치 발표

책 전체의 마지막 장이 반드시 도달해야 할 순간이다. '나는 방관자가 아니라 말하는 사람이다'라는 경험은 교육이 줄 수 있는 가장 강력한 변화 중 하나다.

어떤 학생은 떨리는 목소리로 말한다. 어떤 학생은 울음을 참고 말한다. 어떤 학생은 분노 대신 단호함을 선택한다. 또 어떤 학생은 아주 작은 목소리로, 그러나 가장 큰 메시지를 전한다.

체크리스트(10문항)

① 나는 문제를 정확히 진단했는가?

② 나의 메시지는 대중이 이해하기 쉬운가?

③ 불필요한 분노 표현은 없는가?

④ 대안이 제시되어 있는가?

⑤ 감정의 리듬을 설계했는가?

⑥ 공공적 책임을 고려했는가?

⑦ 구호는 간결한가?

⑧ 논리 비약은 없는가?

⑨ 퍼포먼스 요소가 메시지를 해치지 않는가?

⑩ 마지막 한 문장에 힘이 있는가?

시위 스피치 교육의 목적은 거리의 함성을 교실로 옮기는 것이 아니다. 그 함성 속에 담긴 인간의 존엄, 사회적 연대, 민주적 상상력을 배우는 것이다. 학생이 한 문장이라도 스스로 만들고, 그것을 떨리는 목소리로 말할 수 있다면, 그는 이미 시민의 길 위에 서 있다.

"말하는 시민이 세상을 바꾼다."

바로 그 첫걸음을 돕는 것이 이 매뉴얼의 존재 이유다.

말의 세 문을 지나야 스피치가 완성된다

'스피치의 여정'은 언제나 한 사람의 마음에서 시작된다. 그 마음은 말로 세상을 바꾸고 싶어 하지만, 어디서부터 어떻게 시작해야 할지 알지 못한다.

그래서 우리의 첫걸음은 '이론편'이었다. 말이 어떻게 움직이고, 어떤 구조로 설득하며, 어떤 원리가 한 문장을 날카롭게 세우는가를 배웠다. '이론편'은 말의 세계를 밝혀주는 첫 번째 등불이었고, 스피치의 지도를 손에 쥐게 한 깨달음의 시간이었다.

그러나 지도만으로는 길을 걸을 수 없다. 길은 발로 밟아야 열리고, 말은 입으로 내어야 살아난다. 그래서 두 번째 여정, '실전편'이 열렸다. 청중 앞에서 떨리는 자신을 마주하고, 한 문장의 무게가 마음을 움직이는 순간을 체험하며, '말하는 인간'에서 '말로 행동하는 인간'으로 성장한다.

'실전편'은 그 성장의 기록이자, 말의 힘을 손끝으로 확인한 가장 뜨거운 훈련장이었다. 하지만 스피치의 여정은 지식과 경험만으로 완성되지 않는다. 한 사람을 깨우는 문장, 한 시대를 흔든 명언, 절망의 밤을 건너게 한 시 한 줄처럼, 말에는 시간을 견딘 지혜와 영혼의 깊이가 필요하다.

그래서 마지막 여정, '자료편'이 문을 연다. 이곳은 말꽃들이 피어난 거대한 정원이다. 역사의 지도자들이 남긴 문장, 철학자들의 사유, 시인들이 건넨 빛, 그리고 평범한 사람들이 삶으로 기록해 온 이야기까지. 그 모든 말꽃들은 우리의 언어에 새로운 힘을 불어넣는 지혜의 보급소이자 말의 무기고다.

이렇게 우리는 '이론-실전-자료'라는 말의 세 문을 모두 지나게 된다. 지식을 얻고, 경험을 쌓고, 지혜를 채우는 이 길을 걸은 사람은 더 이상 흔들리는 초보가 아니다. 그는 자신의 언어를 스스로 세우는 사람, 말의 책임을 아는 사람, 말로 세계를 밝히는 사람이다.

스피치의 여정은 끝나지 않는다. 그러나 이제 당신은 그 여정을 계속 걸어갈 수 있는 지도와 용기와 지혜를 모두 갖추었다. 이제 남은 것은 단 하나, '당신의 다음 말'이다. 그 말은 누군가의 마음에 닿아 또 하나의 말꽃을 피울 것이며, 그 말꽃은 다시 누군가의 삶을 이끌 것이다. 그 3부작의 완성은 이제 '당신 안에서' 시작된다.

세상은 당신의 목소리를 기다리고 있다.

이제, 당신의 다음 말로 골든 스피치를 완성하라.